全国中等职业教育规划教材

供中等职业教育各专业使用

中职生成长导读
——道德篇

主　编　陈玉奇
副主编　李宏俊　刘　永
编　委　（按姓氏汉语拼音排序）
　　　　陈玉奇　高　野　胡精珍　金鑫鑫
　　　　雷庆锋　李宏俊　李娉婷　李云杰
　　　　刘　永　商晓敏　王　钢　王小明
　　　　文秀丽　杨彦革

科学出版社

北京

·版权所有 侵权必究·

举报电话:010-64030229;010-64034315;13501151303(打假办)

内 容 简 介

本教材是本着"以德育人"的思想,结合中等职业学校的学生特点编写的,可供中等职业学校德育教育使用。

本教材形式新颖,图文并茂,生动活泼。在内容安排上,结合学生的实际特点,针对目前中职学生在道德方面普遍存在的问题,注重培养学生基本的道德观念,以及社会公德和职业道德,提高学生的道德水准。

本教材共分十五章,内容包括绪论、博爱、感恩、荣辱、孝亲、尊师、励志、勤学、诚信、勤俭、宽容、智慧、谦让、合作、服务,章后配有作业。

图书在版编目(CIP)数据

中职生成长导读:道德篇/陈玉奇主编.—北京:科学出版社,2011.8
全国中等职业教育规划教材
ISBN 978-7-03-032059-9

Ⅰ.中… Ⅱ.陈… Ⅲ.品德教育-中等专业学校-教材 Ⅳ.G718.3

中国版本图书馆 CIP 数据核字(2011)第 164448 号

责任编辑:袁 琦 裴中惠 / 责任校对:赵桂芬
责任印制:徐晓晨 / 封面设计:范碧合

版权所有,违者必究。未经本社许可,数字图书馆不得使用

科 学 出 版 社出版
北京东黄城根北街 16 号
邮政编码:100717
http://www.sciencep.com

北京虎彩文化传播有限公司 印刷
科学出版社发行 各地新华书店经销
*

2011 年 8 月第 一 版 开本:B5(720×1000)
2019 年 1 月第十一次印刷 印张:7 1/2
字数:136 000

定价:**34.80 元**
(如有印装质量问题,我社负责调换)

全国中等职业教育规划教材编写指导委员会

主　　任　陈玉奇
副 主 任　王洪权　李宏俊
成　　员　任亚明　邢　娓　赵安刚　闫德厚
　　　　　贾焕金　武君颖　常永鹏　王子彪
　　　　　周淑静　李立轩　刘向前　单鸿丽
　　　　　杜云松　李绍民　高　峰　李淑玲
　　　　　洪小冬　单春龙　吴红侠　刘　永
　　　　　陆　影　季　胜　王　钢

前　言

在现代教育,尤其是职业教育中,我们常常注重学生们知识和技能的提高,而忽略了其能力和素质的培养。这里说的能力,是指学生的社会适应能力、自身提高能力和文化修养能力;而素质是指其综合素质,包括思想素质、文化素质和身体素质等。

严格意义上说,人生在世,离不开两方面的意义,即自身的生存和社会的责任,前者为安身,后者为立命。安身立命,离不开社会,离不开规则。法律的实质是规范我们不能做什么,而道德的实质是告诉我们应该做什么。

老子说:"道生之,德畜之,物形之,势成之,是以万物莫不尊道而贵德。"其中"道"是指自然运行与人世共通的真理,而"德"是指人世的德行、品行、王道。

那么,我们可以这样理解:道德就是脱离人的自然属性(动物性)而适应人的社会属性,是一个社会衡量行为正确与否的观念标准。涉及个人、家庭等私人关系的道德为私德,涉及社会公共部分的道德称为社会公德。

本书所涉及的内容既有个人私德部分,又有社会公德部分,且二者是不可分割的。因为道德是一种文化现象,教育的本质就是以"文"化"人"。

我们试图通过本书的观点教会学生们最基本的道德观念,尤其是社会公德与职业道德,从而让道德观念扎根于每一位学生的心中,以实现道德的认识功能、调节功能、教育功能、评价功能和平衡功能,这就是本书要完成的任务。

限于编者水平有限,不足之处在所难免。我们希望得到专家及同仁们的批评指正,以使本书更好地服务于学生,真正达到提高职业学校学生道德修养的目的。

编　者

2011 年 7 月

目 录

第一章 绪论 (1)
一、道德的内涵和特点 (1)
二、道德的功能和学习实践道德的重要性 (2)
三、道德篇的主要内容及学习实践道德必须具备的三个能力 (4)
四、如何做一个有道德的人 (5)

第二章 博爱 (7)
一、博爱的内涵 (7)
二、提倡博爱的意义 (8)
三、怎样做到博爱 (10)

第三章 感恩 (15)
一、感恩的内涵 (16)
二、为什么要感恩 (16)
三、如何做一个感恩的人 (18)

第四章 荣辱 (21)
一、荣辱观的含义 (21)
二、树立正确荣辱观的意义 (22)
三、社会主义荣辱观 (23)
四、中职学生怎样树立正确荣辱观 (24)

第五章 孝亲 (28)
一、孝亲的内涵 (28)
二、为什么要孝敬父母 (29)
三、应该如何孝敬父母 (31)

第六章 尊师 (36)
一、尊师的内涵 (37)
二、为什么要尊师 (37)
三、应该如何尊师 (39)

第七章 励志 (42)
一、励志的内涵 (43)
二、为什么要励志 (43)

三、应该怎样励志……………………………………………………（45）
第八章　勤学………………………………………………………………（51）
　　一、勤学的含义……………………………………………………（52）
　　二、为什么要勤学…………………………………………………（52）
　　三、怎样做到勤学…………………………………………………（54）
第九章　诚信………………………………………………………………（59）
　　一、什么是诚信……………………………………………………（60）
　　二、诚信的重要性…………………………………………………（60）
　　三、如何做到诚信…………………………………………………（62）
第十章　勤俭………………………………………………………………（65）
　　一、如何理解勤俭…………………………………………………（65）
　　二、提倡勤俭观的必要性…………………………………………（66）
　　三、怎样做到勤俭…………………………………………………（69）
第十一章　宽容……………………………………………………………（73）
　　一、宽容的含义……………………………………………………（73）
　　二、宽容的意义……………………………………………………（73）
　　三、如何做到宽容…………………………………………………（75）
　　四、宽容应注意什么………………………………………………（76）
第十二章　智慧……………………………………………………………（79）
　　一、智慧无处不在…………………………………………………（79）
　　二、什么是智慧……………………………………………………（83）
　　三、智慧对我们有多重要…………………………………………（83）
　　四、如何增长智慧、拥有智慧……………………………………（83）
第十三章　谦让……………………………………………………………（87）
　　一、谦让的含义……………………………………………………（88）
　　二、为什么要谦让…………………………………………………（88）
　　三、如何才能学会谦让……………………………………………（90）
　　四、谦让要注意的问题……………………………………………（91）
第十四章　合作……………………………………………………………（93）
　　一、什么是合作……………………………………………………（93）
　　二、合作的类型……………………………………………………（94）
　　三、合作的重要性…………………………………………………（95）
　　四、合作中需要注意的问题………………………………………（97）

五、如何避免庸俗低劣的合作 …………………………………………（99）
第十五章 服务 ……………………………………………………（101）
一、服务的含义及特点 …………………………………………（102）
二、服务的意义 …………………………………………………（103）
三、如何为他人服务 ……………………………………………（104）
四、服务中要注意的问题 ………………………………………（107）

第一章 绪 论

中华民族五千年文明,以温良恭谦享誉世界。道德如心中的一盏明灯,指引着华夏子孙一路前行。历朝历代的人们都以高尚的道德作为至高境界,它是引导人们追求至善的良师。虽然时代在变迁,但是道德一直是中华儿女亘古不变的崇尚和追求。

> **链接:道德的释义及由来**
>
> 道德一词,在汉语中可追溯到先秦思想家老子所著的《道德经》一书。老子说:"道生之,德畜之,物形之,势成之。是以万物莫不尊道而贵德。道之尊,德之贵,夫莫之命而常自然。"其中"道"是指自然运行与人世共通的真理;而"德"是指人世的德性、品行、王道。在当时,道与德是两个概念,并无道德一词。"道德"二字连用始于荀子《劝学》篇:"故学至乎礼而止矣,夫是之谓道德之极。"在西方古代文化中,"道德"(Morality)一词起源于拉丁语的"Mores",意为风俗和习惯。道德即是对事物负责,不伤害他人的一种准则。

一、道德的内涵和特点

(一) 道德的内涵

道德是用善恶作为评价标准,依靠社会舆论、内心信念和传统习俗来调节人与人、人与社会、人与自然之间关系的原则规范、心理意识和行为活动的总和。

> **名言**
>
> 道之以政,齐之以刑,则民免而无耻。道之以德,齐之以礼,知耻且格。
>
> ——《论语》

(二) 道德的基本特点

社会生活中,人们的行为规范既有道德规范,也有法律规范。

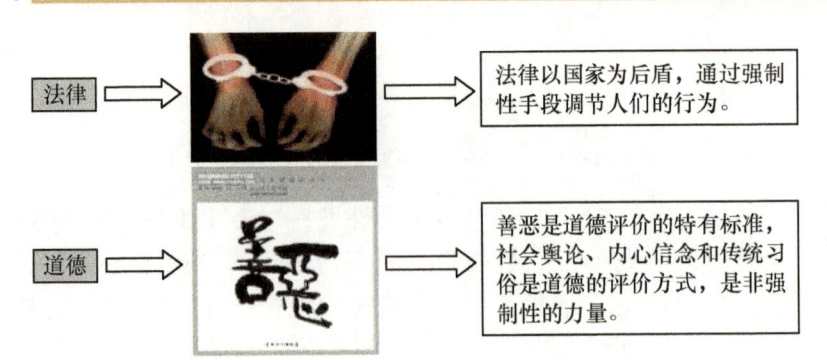

法律 ⇒ ⇒ 法律以国家为后盾，通过强制性手段调节人们的行为。

道德 ⇒ ⇒ 善恶是道德评价的特有标准，社会舆论、内心信念和传统习俗是道德的评价方式，是非强制性的力量。

二、道德的功能和学习实践道德的重要性

（一）道德的功能

1. 道德的认识功能　是指道德运用善恶、荣辱等特有的道德概念和范畴，反映人类的道德现象、道德关系和道德实践活动，并为人们进行道德选择提供指南。

2. 道德的规约功能　是指道德具有规范和约束人们行为的功能。

3. 道德的调节功能　所谓道德的调节功能，是指道德具有通过评价等方式来指导和纠正人们的行为和实际活动，从而协调人际关系、维护社会秩序。

4. 道德的教育功能　是指道德通过评价、指导、示范等方式和途径，造成社会舆论、形成社会风气、树立道德榜样，来培养人们的道德观念、道德情感和道德品质。

5. 道德的激励功能　是指道德具有激发人们向善的内在积极性和主动性，促进人们自我肯定、自我发展、自我完善。

其实，道德的功能集中表现为两个方面：一方面，道德是社会调控的一种重要方式；另一方面，道德也是个人自我完善的一种特殊的精神力量。

（二）学习实践道德的重要性

1. 学习实践道德是一个人安身立命的根本　说谎是一种很不道德的行

☞ 链接：狼来了

从前，有个放羊娃，每天都去山上放羊。一天，他觉得十分无聊，

就想了个捉弄大家寻开心的主意。他向着山下正在种田的农夫们大声喊："狼来了！狼来了！救命啊！"农夫们听到喊声急忙拿着锄头和镰刀往山上跑，可是等农夫们气喘吁吁地赶到山上一看，连狼的影子也没有！放羊娃哈哈大笑："真有意思，你们上当了！"农夫们生气地走了。第二天，放羊娃故技重演，善良的农夫们又上当了。几次后，大伙儿对放羊娃的行为十分生气，从此再也不相信他的话了。

过了几天，狼真的来了，放羊娃拼命地向农夫们喊："狼来了！狼来了！快救命呀！狼真的来了！"农夫们听到他的喊声，以为他又在说谎，没有人去帮他，结果放羊娃和他的羊都被狼咬死了。

为，既对别人不尊重，也会失去别人对自己的信任。故事中的放羊娃因为自己的不道德行为最后丢掉了性命。古今中外，由于缺失道德而在社会上无法立足，甚至国破家亡的事例不胜枚举。

2. 学习实践道德是促进社会文明的重要途径　小军的不道德行为不仅

小军刚工作不久，老板让他外出去采购一批物资，小军四处游山玩水，逛了个够才和一家公司签订了合同，约定货到付款。小军回公司不久，货物就到了，小军手里拿着货款想到自己游玩透支了不少，于是他把货款堵了自己的窟窿。付货方一再催款，小军是一拖再拖，后来，小军七拼八凑才将货款汇了过去，可是对方却从此再也不愿与小军合作……

给他自己的事业发展带来阻碍，同时也污染了社会的环境，造成人和人之间的信任危机。在人类社会发展中，人们的道德水准直接决定着社会文明与和谐。

3. 学习实践道德是人与自然和谐发展的重要保障　人类社会的发展，

内蒙古阿拉善盟在历史上曾是水草丰美的天然牧场，享有"居延大粮仓"的盛誉。自20世纪60年代以来，先后在上游的黑河干流上建起了莺落峡、草滩庄等水利枢纽工程及大大小小十几座水库、塘坝，甚至近几年为开发旅游项目而修建了大型水上公园,使得额济纳河水源的骤减。进入90年代后的第二年,再也没有一滴水下泄到额济纳河了,随之而来的是曾有数百万亩水面的居延海(湖)也彻底干涸了。

没有了水源,自然生态圈遭到了破坏,流沙泛起,额济纳河在短短的几年间便成了一条沙沟。沿河两岸的胡杨、红柳等老龄树开始枯死,草原逐年沙化成戈壁荒滩,一遇西伯利亚强气流,沙尘随风而起,"环境杀手"四处狂奔,生命被逼向了死亡的边缘。

一时一刻也离不开地球的自然环境。然而,人类在改造自然的进程中,由于道德的迷失,过度地向大自然索取和掠夺,造成能源紧张、环境污染、气候恶化……人类生存已经受到严峻的挑战。如何控制人类的欲望,做到感恩自然、爱护自然,已成为人与自然能否和谐发展的关键所在。

三、道德篇的主要内容及学习实践道德必须具备的三个能力

(一)道德篇的主要内容

博爱篇、感恩篇、荣辱篇、孝亲篇、尊师篇。

励志篇、勤学篇、诚信篇、勤俭篇、宽容篇。

智慧篇、谦让篇、合作篇、服务篇。

道德

（二）实践道德的三个能力

1. 辨别能力　要有辨别真善美和假丑恶的能力，"见贤思齐，见不贤则自省"。

2. 实践能力　学以致用。"道"是"首"字和"走"字合成的，首者头也，走者行也。第一件事情，就是教你去行。如果不行，无论讲多少，都是假的，在欺骗人。所谓"说得一丈，不如行得一寸"。

3. 坚持能力　学习实践道德贵在坚持，日久方能生效。

4. 反思能力　古人云："吾日三省吾身"。对自己的思想和行为要经常反思，不符合道德规范的言行要及时摒弃，做到知、情、意、行的统一。

四、如何做一个有道德的人

道德其实离我们很近，近得触手可及。怎样做一个有道德的人呢？英国浪漫主义诗人雪莱说过："道德中最大的秘密就是爱。"学习做有道德的人，最重要的是学会爱，学会真爱。何谓真爱？是对人类、对社会、对自然的朴素的情感，也是每个人肩上的一种责任。做一个有道德的人，贵在知、贵在行、贵在知行合一。

> **链接：中国传统道德思想**
>
> 　　四维：礼、义、廉、耻。四维的说法，最早载于《管子》。《管子》牧民篇："国有四维，一维绝则倾，二维绝则危，三维绝则覆，四维绝则灭。倾可正也，危可安也，覆可起也，灭不可复错也，何谓四维？一曰礼，二曰义，三曰廉，四曰耻。"
>
> 　　五常：仁、义、礼、智、信。汉章帝建初四年（公元79年）以后，"仁义礼智信"被确定为整体德目"五常"。仁和义是儒家文化中两大根本性的道德元素，可谓总体价值观中的核心价值观。四字：忠、孝、节、义。忠、孝在中国社会是基础性的道德价值观。《孝经》中，子曰："夫孝，德之本也。又，天之经也，民之行也。"八德：忠孝、仁爱、信义、和平。到了现代，孙中山提出中国固有的八种道德，他在《三民主义之民族主义》中说："讲到中国固有的道德，中国人至今不能忘记的，首是忠孝，次是仁爱，其次是信义，其次是和平。这些旧道德，中国人至今还是常讲的。"

第二章 博　爱

爱是一切道德的基础,是中华民族传统伦理道德的核心,世界上一切美好的事物都源于爱。

> **名言**
> 爱是生命的火焰,没有它,一切变成黑夜。
> ——罗曼·罗兰

思考:感受下面的爱。

当你得知妈妈生病了,你用自己节省下的钱,为妈妈买来水果,帮助妈妈做家务。

在去上学的路上,你看见一位阿姨突然晕倒,虽然你们素不相识,但你快步走过去,主动帮助她。

2008年汶川地震发生后,举国悲痛,中华儿女各尽所能支持灾区,他们用实际行动,表达着对灾区人民的爱。

2011年日本地震发生后,作为一个中国人,你也想办法尽能力,去帮助受灾的日本人。

爱自己,爱自己的孩子、父母、兄弟姐妹,爱自己的家园,是动物的一种本能行为,正如一句俗语说得好:爱自己的孩子,母鸡都会。作为拥有高级生命的人类,我们除了本能的爱之外,更需要大爱、兼爱和博爱。人类的伟大之处在于既能把爱给予亲人,给予朋友,也能把这种爱给予不认识的人,甚至是在平时反目的敌人。

每个人都拥有博爱之心,我们的社会就将是一个充满爱心和温暖的和谐社会,我们每一个人也必将生活在幸福和快乐之中。

一、博爱的内涵

2000多年前,中国的儒家学说就提出了"泛爱众"和"仁者爱人"等博爱的观点,墨家也提出了兼相爱的论述,认为"天下兼相爱则治,交相恶则乱"。这些博爱的观点对中国的思想道德产生了巨大的影响。中国民主革命的先驱孙中山先生更是近代博爱思想的提出者(图2-1)。

图 2-1　孙中山先生

全国道德模范陈光标说:"一个人的存在,如果能够影响更多的人,并使得他们感受到关爱、幸福与快乐,这样的人生就是有价值、有意义的。"为什么从古至今博爱受到如此推崇,首先我们来学习理解什么是博爱。

> **名言**
>
> 不独亲其亲,不独子其子,老吾老以及人之老,幼吾幼以及人之幼。
>
> ——孟子

"博"即多、广、大之意。

"爱"即对人或事物有深厚的感情,是出于主观的,为了目标事物向好的、正确的、健康的方面发展而付出的情感或行为。

"博爱"即是指为了人类及整个生物自然界向正确的、健康的方面发展而付出的情感和行为。它是一种人生最高的道德境界。

二、提倡博爱的意义

随着科技的进步,人类改造自然的能力得到了空前增强,人类正享受着前所未有的文明成果。科技的进步也让地球变得越来越小,人与人的联系越来越紧密,但人与社会的矛盾,人类发展与自然的矛盾日益突出。因为过于注重物质的第一性,很多人在生产生活中形成了自私、自利等狭隘思想。小到人际关系的冷漠,大到民族矛盾,甚至局部战争;小到毁林复耕,围湖造田,大到人对自然的疯狂"开发、掠夺"……

在这样的背景下,学习践行博爱思想,更具有现实和长远意义。因为人类的博爱思想无论对调整人际关系、人与社会的关系,还是对调整人与其他物种及自然的关系都具有重要的意义。

(一) 博爱是人类温暖成长的需要

一个人生活在世界上,最需要的就是物质和精神上的温暖,而这种温暖的来源就是爱。每个人一生都不可能一帆风顺,疾病困扰、人际关系紧张、生活的压力、自然灾害以及各种意外等,各种困难可能会随时出现在生命的某个阶段,这时,一个温暖的眼神、一个善意的微笑、一个不经意的拉手、一个充满爱的鼓励,都会给人带来温暖的力量,让人充满战胜困难的信心和勇气。

2008年汶川地震,许许多多的同胞失去家园,失去亲人,肢体受损、心灵受伤,但海内外中华儿女、国际友人,用各种各样的方式传递着关爱,传递着温暖(生命的搜救、物质的支持、受伤的救助、心理的辅导等)(图2-2)。在党和政府的帮助下,在世人博爱思想的感召下,受灾的同胞自力更生、重建家园(图2-3)。

图2-2 群众高呼:"四川加油! 汶川加油!"　　图2-3 把节省的钱捐给四川灾区小朋友

(二) 博爱是当代中国社会和谐发展的需要

任何一个人都渴望生活在一个温暖的和谐社会里,社会的和谐发展,需要利益的相对均衡,需要人性的相对自由和平等。这除了法律的规范,还需要道德的调整。爱是一切道德核心,所以说,广博的爱更是社会能否和谐发展的前提基础。

改革开放30多年来,我们国家的综合国力和国际地位不断提高,人民也从温饱逐步迈向了小康。但我们还要看到,由于我们国家人口多、底子薄,因此经济发展还很不均衡,比如东西部差距、沿海和内陆的差距、城市和乡村的差距等,这就要求我们要不断加强社会主义精神文明建设,不断提高公民的道德素质,使弱势地区和弱势群体能得到支持和关爱。我们党在十六届六中全会上提出了构建社会主义和谐社会的总目标,构建和谐社会是我们每个公民的共同责任,这就需要社会成员都要具有博爱的思想。生活中,如果我们每个人都怀着一颗博爱的心,做什么都能为他人着想,尽自己的微薄之力帮助需要帮助的人,主动伸手帮助弱势群体,主动救助鳏寡孤独的老人,主动投身希望工程,帮助贫困地区孩子上学,主动捐款救助灾区人民等,那么我国和谐社会的进程就会大大加快。

(三) 博爱是人与自然和谐共生的重要基础

自然环境是人类生存的根本,孔子在2000多年前就提出了"天人合一"的思想,他提出不用大网去捕鱼,不竭泽而渔,不射回到巢穴的鸟等。这些都蕴涵着博爱的思想,都是人与自然和谐共生的具体体现。

但随着生产力的发展,为了满足人类更高的物质生活需要,人类采取了过度的开发,甚至以不惜破坏环境为代价向大自然进行疯狂掠夺,导致生态环境恶化,物种亡失,恶劣性的地质灾害频发,这些灾害已经对人类长久的生存和发展提出了严峻的挑战。现在,地球上每年灭绝的物种达5万种,每年有600万公顷土地变成沙漠,曾经的中国第二大咸水湖罗布泊,如今已是一片荒漠……物种的亡失,自然灾害的频繁出现,就是地球对人类的警告。生态环境的日益恶化已经严重影响到地球上所有生物的生存和发展,由此可见,博爱也是人与自然和谐共生的重要基础。

三、怎样做到博爱

博爱虽是道德的一种最高境界,但博爱并不难做到。它是每个人都能够相互感受到的一种真挚的情感,是每个人都能够做到的一种正直的行为。要想做到博爱,就要求我们每个人从自我做起,从爱自己、爱身边的人到爱社会、爱自然,推己及人,由近及远。

> **俗 语**
> 连自己都不爱的人,连自己父母都不爱的人,他怎能爱别人,爱别人的父母。
> ——佚名

(一)要学会爱自己,爱自己身边的人

孟子说:"仁者爱人。"一个人想把爱心播撒给别人,首先要爱自己,让自己具有传递爱的思想和能力。但对自己的爱不是自私的爱,而是一种对成长负责的爱。

如何爱自己呢?最重要的是爱惜自己的身体、爱惜自己的思想、爱惜自己的名誉,做到亲善、近善,让自己健康成长。一个身体好、德行好、能力好的人才能更好地播撒爱给别人。

其次,学会爱自己身边的人。爱别人需要理解他人,感恩他人,一个不懂得理解他人、感恩他人的人是不可能具有爱心的,更不用说具有博爱之心。在家庭,爱自己的父母、兄弟姐妹;在学校,爱自己的老师、同学;在单位,爱自己的领导、同事。爱自己身边的人,要从小事做起,理解身边的人的难处,懂得为他们分担忧愁和压力。比如,父母这一段身体不好,或者

生活的压力大,你就要关心父母,多帮助他们做些力所能及的家务;比如,在学校身边的一个同学情绪低落,你就想办法沟通,看看能否帮助他摆脱困惑。

最后,身处哪里,就把爱传播到哪里。如公交车上为老人让座,校园里随手捡起垃圾,旅途中帮助有困难的同行者,在医院给患者一个温暖的眼神,一句鼓励、关心的话语等,其实博爱的行为就掌握在我们每一个人自己的手里,只要我们每一个人都做爱的使者,我们生活的世界才会更温暖。

爱的方法

把温暖送给寒冷的人;
把面包送给饥饿的人;
把鼓励送给失望的人;
把批评送给骄傲的人;
把方法送给笨拙的人;
把思想送给智慧的人;
把微笑送给身边的每一个人。

链接:新时代的活雷锋郭明义

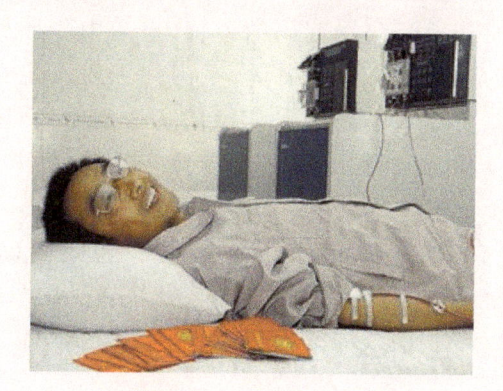

郭明义,从1996年开始担任采场公路管理员以来,他每天都提前2个小时上班,15年中,累计献工15000多小时,相当于多干了五年的工作量。工友们称他是"郭菩萨"、"活雷锋"(图2-4)。他20年献血6万毫升,是其自身血液的10倍多。

图2-4 全国道德模范、2010感动中国人物:郭明义

1994年以来,他为希望工程、身边工友和灾区群众捐款12万元,先后资助了180多名特困生,而他一家3口人至今还住在不到40平方米的斗室里。

都得图个什么的话,那还叫做好事吗?

——郭明义

(二)明确责任,从学会爱自己身边小的集体做起,做到爱家庭、爱学校、爱单位、爱国家、爱世界

家庭是培养孩子博爱的摇篮,一个人爱自己的家庭,才能爱他生命中其

他的集体，如学校、单位、国家，甚至整个世界。

家庭是社会的细胞，是个人成长中最小，也是最重要的集体，可以说家庭是我们每个人生命的起点，也是我们将来孕育生命的摇篮。怎么做到爱家庭呢，最重要的是清楚自己的角色，明确自己的责任，是儿子、女儿，是丈夫、妻子，还是父亲、母亲，无论担当什么角色，能承担起相应的责任，就是爱的最好表现形式。父亲、母亲因为对家的爱，表现在爱护子女，勤俭持家，辛苦劳作；儿子、女儿对家的爱，表现在节省花费，修炼品格，勤奋学习，能立足社会，成为父母的骄傲。

家庭是孕育生命的起点和摇篮；学校是我们学习文化、技能的殿堂；单位是我们谋生、发展的平台；国家更是我们56个民族共同生活的大家庭。随着社会的文明进步，世界文明的融合速度空前加快，现在很多人说世界就是一个大家庭。一个人想让自己在温暖的环境下健康成长，就要学会在每一个生活的集体中，承担自己的责任，传播爱给他人、给岗位、给国家，甚至全人类。

天下兴亡，匹夫有责。爱祖国是一个公民起码的道德，也是中华民族的优良传统。祖国的前途命运决定个人的前途命运，祖国的强弱决定了个人的地位和尊严。作为青年人，更应该牢记自己肩上的责任和使命，正如梁启超所说："少年强则国强，少年独立则国独立，少年雄于地球则国雄于地球。"

我们要把对祖国的爱化作前行的动力，修炼品格、钻研技术、立足岗位，为祖国的繁荣富强作出自己应有的贡献。

☞ **链接：钱学森的事迹**

1950年，钱学森同志开始争取回归祖国，而当时美国海军次长金布尔声称："钱学森无论走到哪里，都抵得上5个师的兵力，我宁可把他击毙在美国，也不能让他离开。"钱学森同志由此受到美国政府迫害，遭到软禁，失去自由。1955年10月，经过周恩来总理与美国在谈判上的不断努力，甚至不惜提前释放11名在朝鲜战争中俘获的美军战俘作为交换，钱学森同志终于冲破种种阻力回到了祖国，自1958年4月起，他长期担任火箭导弹和航天器研制的技术领导职务，为中国火箭和导弹技术的发展提出了极为重要的实施方案，对中国火箭、导弹和航天事业的发展做出了不可磨灭的巨大贡献。钱学森的回国效力，使中国导弹、原子弹的发射至少向前推进了20年（图2-5）。钱

第二章 博 爱

学森说:"我在美国前三、四年是学习,后十几年是工作,所有这一切都在做准备,为了回到祖国后能为人民做点事——因为我是中国人。"

图 2-5 党和国家领导人亲切接见、看望钱学森同志

钱学森放弃美国优厚的待遇,顶着重重压力,回到一穷二白的祖国,就源于他对祖国母亲深深的爱。他用自己的实际行动诠释了什么是爱国,什么是赤子情怀。正如江泽民同志所说:"我们每个人都生活在社会之中,都是祖国大家庭中的一名成员。每个人的进步和发展都是同祖国的进步和发展紧密联系在一起的,每个人的利益都是同祖国的利益紧密联系在一起的。"

此外,我们还要注意对自然的博爱,从保护动物、保护植被等小事做起,珍惜爱护我们共同学习、生活、工作的环境,当然从国家的层面上说,我们要谋划科学发展,保证人与自然更恒久的和谐相处。

总之,博爱不是遥不可及的目标,但它需要我们一起努力践行。人生在世,若能推己及人,博爱为怀,那么,人与人之间便能和谐相处,社会便能进入"和而不同"的美好境界,人与自然也能够和谐共生。试想到处充满爱,我们的生活会变得多么幸福。

小 结

爱是一切道德的基础,是中华民族传统伦理道德的核心,而由爱引发的博爱是整个世界在漫长的历史过程中共同形成的文明成果,也是人类共同追求的价值观。我们提倡博爱,因为它是人类温暖成长的需要,是当代中国社会和谐发展的需要,也是人与自然和谐共生的重要基础。博爱离我们并不远,它就在我们身边,它并不难为,一个温暖的眼神,一句鼓励的话语,一次捡起垃圾的弯腰,都是博爱的体现。让我们从身边的小事做起,从爱自己身边的人、身边的环境做起,打破狭隘的思想,以感恩的心践行博爱,让我们都成为传播博爱的使者。

作业

1. 谈谈在学校如何做到博爱？

2. 如果小A和你刚发生了矛盾，你感觉他很对不起你，这时恰巧他遇到困难和挫折，你会播撒你的爱心去帮助他吗？你认为如何能做到这样？

3. 2011年日本大地震后，中国人民不受历史情感的纠结，向日本提供了大量的援助，有的人提出异议，作为当代的青年学生你怎么认识这个问题？

第三章　感　　恩

朋友的巴掌与帮助

有两个人在沙漠中行走,他们是很要好的朋友,在途中不知道什么原因,他们吵了一架,其中一个人打了另一个人一巴掌。那个人很伤心,于是他就在沙里写道:"今天我朋友打了我一巴掌。"写完后,他们继续行走。他们来到一块沼泽地里,那个人不小心踩到沼泽里面,另一个人不惜一切拼了命地去救他,最后那个人得救了,他很高兴,于是拿了一块石头,在上面写道:"今天我朋友救了我一命。"朋友一头雾水,奇怪地问:"为什么我打了你一巴掌,你把它写在沙里;而我救了你一命,你却把它刻在石头上呢?"那个人笑了笑,回答道:"当别人对我有误会,或者有什么对我不好的事,就应该把它记在最容易遗忘、最容易消失不见的地方,由风负责把它抹掉。而当朋友有恩于我,或者对我很好的话,就应该把它记在最不容易消失的地方,尽管风吹雨打也不能忘。"

思考:读了这个故事,你受到哪些启发?

忘记别人的不好是一种胸怀,而记得别人的恩惠则是为人最重要的德行。其实人的一生都是在别人的恩惠中度过的,是父母把我们带到这个世界,给予我们生命,父母对我们有养育之恩;等到上学,有老师的教育

名言

没有感恩就没有真正的美德。

——卢梭

之恩,同学的帮助之恩;工作以后,又有领导、同事的指导、关怀之恩;年纪大了之后,又免不了要接受晚辈的赡养、照顾之恩。从人的自然和社会的双重属性看,自然的恩泽,社会的关爱,是我们成长壮大的基石,我们更应该感恩自然、感恩社会。感恩,说明一个人对自己与他人、社会以及自然的关系有着正确的认识;报恩,则是在这种正确认识之下产生的一种责任感。没有社会成员的感恩和报恩,很难想象一个社会能够正常地发展下去。

古人说:"受人滴水之恩,须当涌泉相报。"感恩,是中华民族的传统美德,也是每个人都应具备的优秀品质。在构建社会主义和谐社会的今天,遵守社会公德、学会感恩是我国每一位公民必备的素质。但目前受市场经济

和西方资产阶级思想的影响,青少年感恩意识的匮乏已经成为一个普遍的社会现象。因此,对青少年学生加强感恩教育显得尤为迫切。

一、感恩的内涵

牛津字典中,"感恩"指乐于把得到好处的感激呈现出来且回馈他人。通俗地说,"感恩"就是对人、社会或自然的恩惠心存感激的表示。

这里应该理解为三个层次:一是感恩的对象包括人、社会和自然;二是能理解、感悟到外在对你的恩惠;三是对于接受到的恩惠应该有所表达和回馈。

二、为什么要感恩

(一)感恩是每个人做人的基石

每个人都需要道德和能力的双重支撑,缺一则人无以立。感恩是道德体系中基本的德行,德国著名哲学家尼采说:"感恩即是灵魂上的健康。"试想,如果一个人灵魂都不健康,岂不如行尸走肉,何谓人?隋炀帝杨广年轻时堪称智勇双全,为大隋的建立立下了赫赫战功,他拓疆土、开运河、创科举……应该被后世推崇,但由于他道德败坏,为了皇权,杀兄弑父,就是这一忘恩之举让人对他的历史评价大打折扣,甚至把他和秦二世胡亥并提,称作历史上名声最差的皇帝之一。

乌鸦反哺、小羊跪乳,感性地理解:动物都知道知恩图报,作为地球上已知生命中最高级的动物,我们人类怎能不感恩?不报恩?可见,感恩是我们做人的基石。

> **链接:忘恩负义的珍珠**
>
> 由于一个偶然的机会,一粒可怜的小石头落进了河蚌妈妈的嘴里。好心的河蚌妈妈收留了它,用自己体内的精华——珍珠质,精心哺育它。一年,两年……随着时间的推移,小石头身上的珍珠质越积越多,形成了一粒美丽的珍珠。河蟹见到了珍珠,高兴地说:"你长得比河蚌妈妈更美了。"
>
> 珍珠听了满脸不高兴地说:"河蚌有什么资格做我妈妈呢?论美丽,我比它强十倍;论身价,我比它贵百倍。""但你毕竟是河蚌妈妈千辛万苦养大的呀,而且它现在还继续精心哺育着你。"河蟹不平地说。"你不知道,现在我讨厌的正是它的精心哺育,它把我抱在

第三章 感恩

怀里，使我失去了被别人发现的机会，我希望它早些被渔民网去，那样，我就会被送到皇宫里去，饰在皇冠上……""如果当初河蚌妈妈不收留你这没良心的东西，你现在还不是一粒可怜的小石头吗？"河蟹气愤地说。"应该承认事实嘛！我现在已经是非凡的珍珠了！"珍珠厚颜无耻地说。河蟹越听越生气，用大钳子狠狠一夹，把珍珠夹碎了。

这则寓言故事告诉我们：人任何时候都不能忘本，何谓本？这里的"本"就是你的生命之根，生长之源。不知道自己从哪里来的人，他注定不知自己向何处去，这样的人是危险的！

希腊谚语

忘恩的人落在困难之中，是不能得救的。

思考：你认为世间最大的恩情是什么？你该如何对待这份恩情？

（二）感恩是人与自然长久共存的基石

人的生命离不开阳光的普照、水的润泽，离不开肥沃的土壤、清新的空气……生命源于自然，自然更是我们赖以生存的家园，我们的衣食住行都来源于自然的恩惠。

科技的进步提高了人类改造自然的能力，人类为了满足过多的欲望，向自然近乎疯狂地索取。当今世界，环境污染、资源匮乏、地下水位下降、土壤受侵蚀、冰川融化、物种消亡，每天都有近10亿人忍受饥荒。联合国人口统计学家预测，至2050年，世界人口可能将达到90亿。那时的我们该怎么办？自然的承载能力是有限度的，我们应该敬畏自然、感恩自然，这样我们才会懂得在有限度享受自然恩惠的同时，去爱护自然、保护自然，也只有这样，我们才能与自然长久共存。

（三）感恩是社会和谐发展的基石

每个人都懂得感恩，社会才更加温暖。作为社会人，要处理各种复杂的人际关系，如家庭的父母、兄弟姐妹，学校的老师、同学，单位的领导、同事，以及在其他社会活动中的人际交往，如何处理好各种关系，保证人与社会能够和谐发展。感恩是重中之重。如果每一个人都能感恩于哺育、培养、教导、救助，甚至反向给你人生历练的人，并用心回报，那社会才会少怨多爱，在这种氛围中，人的生活才会有真正的幸福感和自豪感，这样社会才能和谐发展。

> **链接：凡事感恩**
>
> 感激生育你的人，因为他们使你体验生命；感激抚养你的人，因为他们使你不断成长。
>
> 感激帮助你的人，因为他们使你渡过难关；感激关怀你的人，因为他们给你温暖。
>
> 感激鼓励你的人，因为他们给你力量；感激教育你的人，因为他们开化你的蒙昧。
>
> 感恩伤害你的人，因为他磨炼了你的心智；感恩欺骗你的人，因为他增进了你的智慧。
>
> 感恩中伤你的人，因为他历练了你的人生；感恩鞭打你的人，因为他激发了你的斗志。
>
> 感恩孤立你的人，因为他教导了你独立；感恩绊倒你的人，因为他增强了你的能力。
>
> 感恩斥责你的人，因为他提醒了你的缺点；感恩所有使你坚强进步的人。

感恩是一条人生基本的准则，是生活中的大智慧，它能使我们感受到大自然的美妙、生活的美好，能保持我们的积极、健康、阳光的良好心态，让我们幸福地成长。

三、如何做一个感恩的人

（一）要有感恩的思想

> **英国谚语**
>
> 忘恩比之说谎、虚荣、饶舌、酗酒或其他脆弱的人心的恶德还要厉害。

如何才能拥有感恩的思想？就是要用心体会他人的情感，辩证地看待问题，正确对待反向的人生历练。我们要有一种心态，就是任何人给予我们的各种恩惠都不是天经地义的，它都有一种爱和情谊在里面。大自然虽然没有人类的情感，但它给予我们的更多，如果没有大自然，人类就无法生存，所以对这些有恩于自己的人和物，对他们的恩泽我们都要感念于心。

（二）要有知恩图报的能力

怎么做一个感恩的人？对待别人的恩惠仅仅有感于心还不够，还要对这种感激之情有所表示和回馈，这就需要我们具有报恩的能力。作为在校学生，我们现在要认真学好生存本领，成人成才，这样才有能力报答父母恩、老师恩、朋友恩等各种恩情，才能更好地为他人和社会做出贡献。因此，要想做一个感恩的人，就要不断完善自己，提高知恩图报的能力，才能实现报恩的愿望——做一个对他人有帮助的人，一个对社会有贡献的人。

（三）要有实际报恩的行动

实践是检验真理的唯一标准，只有用心实践，我们才能把感恩的思想化作感恩的行为，真正感受感恩的力量和爱的力量。我们要感恩生养我们的父母，听从父母教诲，多关心父母身体，尽心奉养父母；感恩用知识点亮我们理想之路的老师，上课认真听讲，用健康的成长去回报老师；感恩陪伴我们共同成长的同学、朋友，回报给他们一份鼓励、一份帮助、一份真诚；感恩所有给予我们信任、支持和爱的人，回报给他们一个微笑，一个进步，一份关爱；感恩给我们生存空间的大自然，从身边做起，爱惜花草树木，爱护校园环境，保护森林植被，停止滥砍滥伐，减少资源消耗；感恩社会，用积极乐观的心态面对困难和生活，多为社会做贡献。其实，需要我们感恩的事物很多，只要我们有一颗感恩的心，感恩的行动就存在于我们生活中的点点滴滴。在践行感恩的过程中，有一点需要注意，就是要量力而行。曾经有过这样的案例，儿子为了给母亲治病，报答父母的养育之恩，在经济拮据的情况下去偷去抢，虽然孝心可嘉，但这种报恩的行为我们是坚决反对的。

☞ 情境思考

襄樊市总工会、市女企业家协会联合举行的第九次"金秋助学"活动中，主办方宣布：5名贫困大学生被取消继续受助的资格。

2006年8月，襄樊市总工会与该市女企业家协会联合开展"金秋助学"活动，19位女企业家与22名贫困大学生结成帮扶对子，承诺4年内每人每年资助1000~3000元不等。入学前，该市总工会给每名受助大学生及其家长发了一封信，希望他们抽空给资助者写封信，汇报一下学习生活情况。但一年多来，部分受助大学生的表现令人失望，其中2/3的人未给资助者写信，有一名男生倒是给资助者写过一封短信，但信中只是一个劲地强调其家庭如何困难，希望资助者再次慷慨解囊，通篇连个"谢谢"都没说，让资助者心里很不是滋味。

今夏，该市总工会再次组织女企业家们捐赠时，部分女企业家表示"不愿再资助无情贫困生"，结果22名贫困大学生中只有17人再度获得资助。

同学们，你怎样看待这个事件的结局？你怎样评价这几位受资助大学生的行为？在你遇到困难的时候，你最渴望的是什么？当你受到别人恩惠的时候，你要如何做？

小 结

感恩是中华民族的美德，也是人类应该共同具有的美德，它是我们做人的基石，它是人与自然和谐共生的基石，更是社会和谐发展的基石。我们每个人都要具有感恩的思想，报恩的能力，并大胆践行，这样我们的生活才会充满阳光，无限幸福。

作 业

1. 在人生旅途中，除了父母，你还能列举哪些你需要感恩的人，说出理由。
2. 结合自己的情况，谈谈如何做一个知恩图报的人。
3. 说说你最喜欢的获奖感言，谈谈你的体会。

第四章 荣　　辱

> 2009年10月24日，在湖北荆州宝塔河江滩上的两名小男孩，不慎滑入江中。长江大学10余名男女大学生发现后，迅速冲了过去。大家决定手拉手组成人链救人。一位同学顾不上脱衣服，跳水救男孩，另外几名同学跟在后面跳入江中。意外发生了：人链中的一名大学生因体力不支而松手。陈及时、何东旭、方招3名大学生因水流湍急，体力不支，沉没江中。几十分钟后，两只打捞船向宝塔湾开来。打捞船开到后，没有一点救人的意思，所有的对话都围绕着一个"钱"字。打捞船主说："活人不救，只捞尸体，打捞一个1.2万元，先交钱，后打捞……"长江大学校领导也赶到现场。当时校领导身上带的现金不够，答应先捞人，剩余的钱随后补上，但打捞船船主不干。其间有女同学"跪求"打捞船船主尽快救人，但对方就是坐在船上不动。师生们掏出身上所有的钱，凑了4000元交给对方，打捞船主才开始打捞，同时扬言："钱不到位的话，只打捞一个。"被打捞上来的一具大学生的遗体被绳子绑着，大半个身子浸在水里；之后，打捞船主坐在船上等校领导派人取钱。打捞完3具遗体，打捞船主前后一共收取了3.6万元。
>
> **思考**：怎样评价大学生的救人行为和打捞船船主的行为？

近年来，受市场经济和西方资产阶级腐朽思想的影响，人们的思想观念、生活方式和价值取向发生了很大的变化，一少部分人道德滑坡，社会传统的荣辱观受到了强烈的冲击和严峻的挑战。比如，辛勤劳动被视为"没本事"，遵纪守法被视为"不开窍"，艰苦奋斗被视为"老保守"……青年时期，是一个人人生观、价值观形成的重要阶段，如何养成良好的道德素质，树立正确的荣辱观，对个人成长和社会的文明进步都具有重要的现实意义和长远意义。

一、荣辱观的含义

"荣"即光荣、荣誉，是指社会对个人履行社会义务之后所给予的褒扬与赞许，以及个人产生的自我肯定的心理体验。

"辱"即耻辱，是指社会对个人不履行社会义务所给予的贬斥与谴责，以及个人所产生的自我否定性心理体验。

"荣辱观"是人们对荣誉与耻辱的根本观点和态度。是由世界观、人生观和价值观决定的，是一个人世界观、人生观和价值观的具体表现。

> **链接：荣辱观在不同的社会历史阶段的不同突出特征**
>
> 荣辱观受一定社会的风尚、习俗和传统的影响。在不同阶段的社会中，又受一定的阶级思想影响。恩格斯说："每个社会集团都有它自己的荣辱观。"
>
> 原始社会是人类历史上第一个社会形态。他们以诚实劳动、能获取更多的生产生活资料为荣。
>
> 在奴隶社会，奴隶主以出身的贵贱和占有奴隶的多少为荣辱标准。
>
> 在封建社会，把特权和等级作为划分荣誉高低的标志。
>
> 在社会主义社会，是否符合国家、人民、集体的利益，是衡量荣辱的标准。"八荣八耻"是社会主义荣辱观的主要内容。

二、树立正确荣辱观的意义

（一）正确的荣辱观是遵纪守法、做合格公民的重要保证

> **名言**
>
> 人之有所不为，皆赖有耻心。不耻，则无所不为。
>
> ——康有为

知荣辱，是立身做人的基础。树立正确的荣辱观，首先要知耻，孟子说："无羞恶之心，非人也。"耻辱感是人自我约束、躲避耻辱的动力，知耻就会有所不为。它能促使我们不违背道德标准，知道行为的底线，不触犯法律法规，做一个合格的公民。

（二）正确的荣辱观是激励个人进取，实现人生价值的动力

人的荣辱观是由知荣、知辱两个方面组成的。光荣感是人追求光荣的动力，知荣就会有所为。当我们真正知道什么是光荣，就会有追求的目标。这种对荣的追求就会激励我们不断进取，奋发图强，积极履行社会义务，为他人为社会做有益的事，从而也就实现了我们的人生价值。

> **名言**
>
> 我的荣誉就是我的生命，二者互相结为一体；取去我的荣誉，我的生命也就不再存在。
>
> ——莎士比亚

（三）正确的荣辱观是形成良好社会风尚的重要条件

荣辱观是道德行为的调节器，能不断净化人的心灵。"人人知耻，则正义流行；人人无耻，则邪恶大行其道。"这句话说明了荣辱观对形成良好社会风尚的重要作用。每个人都不可能离开社会而存在，我们都希望所生存的社会祥和而文明。只有当人们普遍树立起正确的荣辱观，知荣远耻，人人都追求真善美，自觉地、积极地为社会、为国家、为人民作出最大的贡献，都唾弃假恶丑，自觉抵制不良行为，社会才能形成健康的道德规范，从而构建良好的社会风尚（图4-1）。

图 4-1　助人为乐

三、社会主义荣辱观

"八荣八耻"是"社会主义荣辱观"的简称，是社会主义价值观的集中体现，是全体公民的行为指南。

树立社会主义荣辱观的"八个为荣、八个为耻"

中共中央总书记、国家主席、中央军委主席胡锦涛在政协民盟民进联组会上关于树立社会主义荣辱观的讲话中提出

以热爱祖国为荣	一	以危害祖国为耻
以服务人民为荣	二	以背离人民为耻
以崇尚科学为荣	三	以愚昧无知为耻
以辛勤劳动为荣	四	以好逸恶劳为耻
以团结互助为荣	五	以损人利己为耻
以诚实守信为荣	六	以见利忘义为耻
以遵纪守法为荣	七	以违法乱纪为耻
以艰苦奋斗为荣	八	以骄奢淫逸为耻

四、中职学生怎样树立正确荣辱观

（一）树立正确的荣辱观必须强化理想信仰

人生有顺境也有逆境，也会时时面临各种选择和诱惑，在面临个人利益与整体利益的抉择时，在制度不健全或不完善时，在各种不健康思想侵袭时，我们拿什么来捍卫我们的荣辱观？毫无疑问，是我们对理想的追求，对真、善、美的崇尚。如果离开了它们，我们的荣辱意识就无异于"水中浮萍"和"无本之木"，往往会滑入泥潭。因此，想要树立正确的荣辱观，我们的内心就必须有远大的理想和坚定的信仰。

> 小丽原本是一个勤学懂事、生活节俭的孩子，她原本最讨厌乱花钱、不学无术的人。可是到了城里读高中后，她却悄悄地发生了变化。同学中有几个是城里孩子，平时有时间就去逛时装店、上网吧，她们总是在一起谈论各种时尚，而对总是埋头苦读不入流的小丽，她们向来不屑与之为伍，班里的同学也似乎对那几个同学充满了羡慕并逐渐开始追捧。面对枯燥的课本和同学的不屑，看着自己略显寒酸的穿戴，小丽彷徨了，自己的前途究竟在哪，即使以后考上了大学又能怎样，可能过得还不如她们现在潇洒，还不如尽情享受眼前拥有的一切！渐渐地，小丽的兴趣从书本中移开了，开始打扮自己，开始谈恋爱，开始了虚度光阴……
>
> **思考**：分析一下导致小丽发生转变的原因。

（二）树立正确荣辱观必须明辨是非美丑

图 4-2　贪图享乐

明辨是非、美丑是树立正确荣辱观的根本。凡是符合国家和人民的利益、符合道德规范和遵守法律法规的思想和行为都是正确的、美好的。相反，则是错误和丑陋的。如热爱祖国，崇尚科学，辛勤劳动，诚实守信等永远都是正确和光荣的；而背弃国家、违法乱纪、贪图享乐、虚度光阴等行为永远都是错误和可耻的（图4-2）。只有先能辨别是非美丑，才有可能树立正确的荣辱观。

一对孪生姐妹一起来到一所学校读书,她们同样充满青春活力,但行为却大相径庭。姐姐喜欢读书,而且生活节俭,她从来都在食堂就餐,而且总是买经济又实惠的饭菜,总是穿着整齐洁净的校服。妹妹却从不按时吃饭,她总是买一堆零食,周末从不在图书馆或者寝室看书,她喜欢到街上去淘美丽时尚的衣服,有时她竟然为了买衣服要饿一天的肚子,为此,姐俩经常争吵,可是妹妹总是把姐姐的劝导当成耳旁风,因为她不觉得自己的行为有什么不妥之处。终于有一天,当她想买一件名牌衣服却因为没有钱而夜不能寐的时候,她把自己的手伸向了同寝室同学的钱包。事情败露后,她们的父母泣不成声地来到学校,妹妹却惶恐得不知该如何为自己的行为负责……

胡锦涛总书记说,在我们的社会主义社会里,是非、善恶、美丑的界限绝对不能混淆,坚持什么、反对什么,倡导什么、抵制什么,都必须旗帜鲜明。姐妹两个行为的鲜明对比,说明了她们对事物不同的认知。姐姐以勤学、勤俭为美,妹妹以消费、时尚为美,甚至为此触犯了法律。妹妹忘记了自己的学生身份,不知道自己行为的错误之处,说明她不能很清晰地分辨是非美丑,因此导致了她荣辱观的淡薄,她将为自己扭曲的审美、错误的行为和愚昧无知付出代价。

(三) 树立正确荣辱观要做当荣之事,拒为辱之行

树立正确的荣辱观不只是单纯的能辨别荣辱,还要做到知行统一。用实际行动做当荣之事,拒为辱之行(图4-3)。要做到"勿以善小而不为,勿以恶小而为之"。荣辱观不可能一蹴而就树立起来,树立正确的荣辱观要严于律己,从自身做起,从点点滴滴的日常小事做起。真诚地帮助同学、尊敬老师,爱护校园,努力学习,积极劳动,随手关上水龙头,不说脏话,不浪费粮食,考试不作弊,不违反学校纪律,等等,日积月累才能形成良好的行为习惯,才能除去不良陋习,从而形成并不断强化正确的荣辱观。

图4-3 为辱之行

> **链接：我是中国人**
>
> 1931年9月21日，矢志抗日的吉鸿昌将军被蒋介石逼迫下野，到国外"考察实业"。船到美国，吉鸿昌就接二连三地遭到意想不到的刺激，如那里的头等旅馆不接待中国人，而对日本人却奉若神明。有一次，吉鸿昌要往国内邮寄衣物，邮局职员竟说不知道中国。陪同的人对吉鸿昌说："你说自己是日本人，就可受到礼遇。"吉鸿昌当即怒斥："你觉得当中国人丢脸，我觉得当中国人光荣！"为抗议帝国主义者对中国人的歧视，维护民族尊严，他找来一块木牌，用英文在上面写上："我是中国人！"

（四）树立正确的荣辱观要不断学习和反思

我们的身边有勤于劳作的父母，有严于律己、敬业博爱的老师，有乐于助人、诚实守信的同学，我们要不断感知，不断学习，激励自己追求真善美；同时，我们身边也有违纪的不文明同学，有锒铛入狱的不法青年，经常用他们的行为警示自己，时常反思自己的思想和行为。经常用身边的人不断教育自己，警醒自己，改过迁善，见贤思齐，就会逐渐强化自己的荣辱意识从而树立起正确的荣辱观。

> **链接：中职生荣辱歌**
>
> 以热爱班级为荣，以损害班级为耻；以礼貌待人为荣，以满口粗话为耻；
> 以虚心进步为荣，以骄傲自满为耻；以热爱劳动为荣，以好吃懒做为耻；
> 以遵守纪律为荣，以违反校规为耻；以乐于助人为荣，以欺侮同学为耻；
> 以勇于探索为荣，以不懂装懂为耻；以勤俭节约为荣，以铺张浪费为耻；
> 以诚信应考为荣，以考场作弊为耻。

> **情景思考**
>
> 学校正在举行长跑接力赛，飘动的彩旗，跃动的身影，学生的助威呐喊使冬季的校园激情飞扬。小红和小芳正奔跑在跑道上，她们是最后一棒，可是长长的1500米对她们真是意志和耐力的挑战，她们的体力已经严重透支，大汗淋漓，步履踉跄，可是她们仍然咬着牙坚持着，因为她们心里装着老师和同学的期望，装着班级的荣誉。突然意外发生了，跑到校园甬路拐角处，小红和另外一个同学撞到了

第四章 荣 辱

一起,摔倒的一瞬间,小红就像虚脱了一样,怎么也爬不起来,屈辱的泪水溢满了脸颊,可是不争气的腿就是抬不起来,这时跑来扶她的小雪突然从她身上揭下号码牌贴在自己身上,然后拿起接力棒迅速跑了出去,最终以第三名的成绩跑到了终点。再看小芳,被汗水湿透的头发紧贴在脸上,手几乎都要握不住接力棒,跑动的脚步就像灌了铅一样沉重,最后小芳在大家的等待中最后一个出现在了终点线上……

思考:1. 你如何评价小红、小芳和小雪这三个同学的行为?
2. 如果你是她们中的一个,面对集体荣誉,你会怎么做?

小 结

树立正确的荣辱观能够激励个人进取,实现人生价值,是遵纪守法做合格公民的保障,是形成良好社会风尚的重要条件。树立正确的荣辱观就是要明荣辱之分,做当荣之事,拒为辱之行,并要不断学习和反思,不断激励告诫自己,践荣而远耻。只有我们都能树立正确的荣辱观,我们才能有一个快乐而有意义的人生,我们才能生活在一个文明而和谐的社会里。

作 业

1. 结合实际,谈谈自己应该如何近荣远辱。
2. 对照本篇的中职生荣辱歌,检验自己实际生活中的"荣"和"辱"。

第五章　孝　亲

> **伟大的母爱**
>
> 2008年汶川"5·12"大地震时,一位年轻的母亲抱着不满周岁的孩子被砸在倒塌的房屋缝隙中,她用受重伤流血的身躯保护着孩子,把生的希望留给孩子。在生命最后一刻,这位母亲在手机上留下一句话:"孩子记住,妈妈是永远爱你的!"她把自己的乳头放进孩子的嘴里,紧紧抱住孩子,用身体支撑着倒塌的墙体,痛苦地慢慢死去。几天后孩子被营救出来,这个孩子就靠妈妈的保护和最后一滴奶水才存活下来。当抢险人员看到这样的场景时无不潸然泪下。
>
> **思考**:当你读完这个感人至深的故事时,你的心灵是否受到震撼?你如何理解父母之爱?

名言

夫孝,德之本也。又,天之经也,民之行也。

——《孝经》

中国有句古语:"百善孝为先。"自古以来人们把孝看成是做人的基本道德。只有懂得孝敬父母的人,才是一个有责任心、品德高尚的人。而随着社会的变化,生存压力的增大和教育的缺失,部分家庭的尊老敬老观念也开始淡漠,传统孝道受到了挑战。作为历史悠久的礼仪之邦,我们需要唤起人性的良知,积极倡导尊老、敬老、助老的传统美德,把中国传统的孝文化,赋予新的时代精神。

一、孝亲的内涵

据研究表明,孝的观念最早形成于父系氏族社会。《说文》讲"孝"为:善事父母者。从文字构造上看,"孝"是一个象形字,"老"字头下有子,意为人老了行动不便时,由儿子背着走。这表明,孝是晚辈对长辈的礼节。

"孝"即对父母尽心奉养并顺从。

"亲"即指父母等长辈。

"孝亲"指对父母长辈尽心奉养和尊敬顺从。

从古至今,孝亲主要体现在奉养长辈、顺从长辈和祭祀先辈三个层面。

从根本上说，孝体现着一种伦理道德，它对于维护家庭的稳定与和谐具有重要的作用，是我国传统家庭文化的核心。

二、为什么要孝敬父母

没有阳光，就没有温暖；没有水源，就没有生命；没有父母，就没有我们。作为子女，孝敬父母，尊敬长辈，是做人的本分，是天经地义的美德，也是各种品德形成的前提。

（一）父母给予我们生命

每个人的生命都是父母给予的，是父母孕育了我们。为了一个新生命的诞生，母亲需要承受十月怀胎、一朝分娩的艰辛与痛苦。因为有了生命，我们才能感悟生命的过程，感受自然的美丽，享受人世间的美妙。没有父母，我们不可能来到人世间，享受这美好的一切。

> **名言**
> 夫天者，人之始也；父母者，人之本也。
> ——《史记》

（二）父母哺育我们成长

面对陌生的世界，我们成长的每一步都离不开父母的精心呵护。从婴儿的"呱呱"坠地到哺育我们长大成人，父母的关心和爱护是最博大、最无私的，父母为我们不知花费了多少心血与汗水，才使我们在这个五彩缤纷的世界里，体会着人生的冷暖，享受着生活的快乐(图5-1)。父母的爱柔柔如水，轻轻如烟，深沉如海，恩重如山。对这种比天高，比地厚的恩情，我们又能体会到多少呢？我们又报答了多少呢？

图5-1 哺育

（三）父母教育我们做人

链接：孟母三迁

孟子小时候很贪玩，模仿性很强。他家原来住在坟地附近，他常常玩筑坟墓或学别人哭拜的游戏。母亲认为这样不好，就把家搬到集市附近，孟子又模仿别人做生意和杀猪的游戏。孟母认为这个环境也不好，就把家搬到学堂旁边。孟子就跟着学生们学习礼节和知识。孟母认为这才是孩子应该学习的，心里很高兴，就不再搬家了。这就是历史上著名的"孟母三迁"的故事。

对于孟子的教育，孟母更是重视。除了送他上学外，还督促他学习。有一天，孟子从老师子思那里逃学回家，孟母正在织布，看见孟子逃学，非常生气，她拿起一把剪刀，就把织布机上的布匹割断了。孟子看了很惶恐，跪在地上请问原因。孟母责备他说："你读书就像我织布一样。织布要一线一线地连成一寸，再连成一尺，再连成一丈、一匹，织完后才是有用的东西。学问也必须靠日积月累，不分昼夜勤求而来的。你如果偷懒，不好好读书，半途而废，就像这段被割断的布匹一样变成了没有用的东西。"

孟子听了母亲的教诲，深感惭愧。从此以后专心读书，发奋用功，身体力行，实践圣人的教诲，终于成为一代大儒，被后人称为"亚圣"。

父母是孩子的第一任老师。在我们的人生中，父母不仅在生活中给了我们无微不至的照顾，还教育我们如何做人。从我们蹒跚学步开始，父母就教导我们要独立、坚强，跌倒了要自己爬起来，乐观面对世界。父母教导我们对待家中老人，要尊敬孝顺；对待兄弟姐妹要关心爱护；对待同学朋友要热情坦诚；对待工作要严谨求实；对待错误要虚心改正；对待学习要勤奋刻苦，对待社会要服务奉献……父母的教育如无形的春雨无声地滋润着我们纯净的心灵，让我们成为诚实守信、正直勤学、乐观坚强、宽容文明的一代新青年。

☞ **链接：母爱——在"8·30"攀枝花地震中的真实一幕**

正在吃饭的母亲，在地震袭来的瞬间，用自己的身体护住了一旁的女儿，连手中的筷子都没来得及丢掉。无情的地震夺走了母女俩的生命，但当消防官兵把她们从废墟中救出来时，她们僵硬的身体依旧保持着紧紧相拥的姿势，在死亡的最后一刻，母亲依旧保护着她的女儿（图5-2）……

图5-2 母爱

三、应该如何孝敬父母

（一）要有一颗孝心

> **链接：陆绩念母怀丹橘**
>
> 三国时江南华亭人陆绩，6岁时随父亲赴九江拜见将军袁术。袁术见他一脸的清秀聪慧，便与他对话，陆绩应答敏捷，而且措辞得体，令袁术甚为怜爱。他抚摸着陆绩的头对其父说："此儿秀外慧中，冰雪聪明，日后必会在文学上有所造就。"袁术命侍从端来上好蜜橘一盘赐予陆绩品尝，陆绩见那蜜橘的形色与已往所见均有不同，甚为惹人喜爱，他想起母亲平日最喜食蜜橘，且常苦于佳果难得，于是从盘中取了好几个放在前襟之中，准备带回家给母亲品尝。当父子二人起身告辞时，蜜橘从陆绩前襟滚落到地上，父亲见了误以为儿子贪多，很是羞愧。袁术笑着问陆绩为何将蜜橘藏在怀中，陆绩大方地说明了原由，还说要让母亲与自己共享将军所赐。袁术及左右侍从都赞陆绩人小心孝，真是难得得很。陆绩成年后在吴国做了太守，他博学多才，在天文、算术及文学方面均有成就，名传于世。

时常会有人说："等我有能力了，我一定好好报答我的父母。"其实这是为自己的不孝找借口，难道没有能力就不能孝敬父母了吗？古人云："百善孝为先，原心不原迹，原迹贫家无孝子"，其实孝心就是你对父母的态度，它就体现在你力所能及的小事上。行孝需要及时，古语说："树欲静而风不止，子欲养而亲不待"。世界首富比尔·盖茨曾经接受意大利《机会》杂志记者采访，在回答最不能等待的事情是什么时说："天下最不能等待的事情莫过于孝敬父母！"

（二）养父母之身

> **链接：田世国为母捐肾脏**
>
> 65岁的母亲刘玉环被确诊为尿毒症晚期，生命岌岌可危，只有换肾才有可能活下去。这个消息令在广州当律师的儿子田世国难以接受。38岁的田世国是家中长子。他在征得妻子同意后，把弟弟、

妹妹叫到一起，决定献肾给母亲。没想到刚生完孩子的妹妹和心脏不好的弟弟，都争着要用自己的肾脏来挽救母亲的生命。妻子的开明大度与弟弟妹妹的支持令田世国非常感动，也坚定了他拯救母亲的信心。但是，他明白，做肾移植手术最大的困难不是资金，也不是妻子，而在于母亲：视儿女为生命的母亲，绝对不会接受自己儿子捐献的肾脏。她说，如果孩子捐献肾脏让我这个老太太活，我还不如跳楼！

田世国和弟弟妹妹一起，为母亲编织善意的谎言：有个死刑犯愿意捐献肾脏。9月22日，田世国来到上海中山医院为肾脏移植手术做血型配型测验，结果是配型与母亲完全符合，可以为母亲做肾移植手术。9月23日下午，田世国对母亲谎称：医院来电话了，有3个适合你的肾源，让你去再配一下型，如果合适就换。并把高达20万元的手术费说成了6万元。田妈妈爽快地答应了做手术。

手术比较成功，田妈妈第二天就可以说话了。泌尿外科朱教授至今都非常感动："可怜天下父母心，很多捐献肾脏的都是父母给子女，至少90%以上。我从医15年来从没见过子女给父母的，太了不起了。如果能有更多子女这样做，很多父母的生命就能延续了。"

我们正处在求学阶段，还没挣钱，但同样能养父母之身。平时生活节俭，不铺张浪费，这样就能减轻了父母的经济负担，同时，生活中我们要多为父母分担家务，帮父母做力所能及的事，另外，平时多关注父母的身体健康状况，饮食起居等。我们做到这些，就是在养父母之身。

（三）养父母之心

链接：仲由养亲远负米

仲由，字子路，是春秋时期的汴州人。仲由年少的时候家境贫寒，虽然天性喜欢逞强好斗，侍奉父母却极尽孝心。有一回，汴州粮价飞涨，而家里已经没有他勉强糊口的粮食。子路听说有个地方的粮价比较便宜，却和汴州相距百里，就独自离家步行到那个地方，买了米后又用肩膀扛着米袋赶回家来。又因为双亲年事已高，而子路还没有一个较为固定的职业，实在没有让父母高兴的事。所以为了让父母欢心，就不顾委屈自己去寻求一个低下的职业。当他的父母先后去世，子路哭着埋葬了他们，一切都是按照礼数进行的。守孝期满之后，子路向南游历到楚国。楚国的国君同子路谈话之后，十分高兴，让他留下来做了高官。出游时随从的车有上百辆，座位上的垫子铺得特别厚，宴饮非常丰盛，列鼎而食，造成的声势在当时是极为显赫的。这种盛大豪华的场面令他抚今追昔，不禁悲从中来，泪如雨下，对人说："我现在算是富贵了，可我的父母已经不在了。虽然我还想像当年那样肩扛米袋步行百里到家，父母也得不到了。"他欷歔不已的样子使得旁边的人没有不感动的。

有一首《游子吟》诗说得好："慈母手中线，游子身上衣。临行密密缝，意恐迟迟归。谁言寸草心，报得三春晖。"从我们一来到人世间，不管走到哪里，我们都会时刻牵动着父母的心。所以，天冷了我们要多穿衣服，免得受风寒生病，让父母担心；在

> **名言**
> 孝子事亲，不可使其亲有冷淡心，烦恼心，惊怖心，愁闷心，难言心，愧恨心。
>
> ——袁采

学校听老师的话，勤勉学习，亲善近喜，不与不道德的人交往，不做任何违法违纪的事，不让父母操心，《弟子规》中说："身有伤，贻亲忧；德有伤，贻亲羞。"同时，我们还要与父母多沟通，表达对父母的关爱，了解父母的真实想法，对父母喜好的东西在能力范围内尽量满足。如果我们这些都做到了，就是真正养了父母的心。

（四）养父母之志

链接：精忠报国

岳飞十五六岁时，北方的金国南侵，宋朝当权者腐败无能，节节败退，国家处在生死存亡的关头。岳飞投军抗辽。不久因父丧，退伍还乡守孝。

1126年，金兵大举入侵中原，岳飞再次投军。临行前，姚太夫人把岳飞叫到跟前，说："现在国难当头，你有什么打算？"岳飞说："到前线杀敌，精忠报国！"姚太夫人听了儿子的回答，十分满意，"精忠报国"正是母亲对儿子的希望。她决定把这四个字刺在儿子的背上，让他永远铭记在心。岳飞解开上衣，露出瘦瘦的脊背，请母

亲下针。姚太夫人问:"孩子,针刺是很痛的,你怕吗?"岳飞说:"母亲,小小钢针算不了什么,如果连针都怕,怎么去前线打仗!"姚太夫人先在岳飞背上写了字,然后用绣花针刺了起来。刺完之后,岳母又涂上醋墨。从此,"精忠报国"四个字就永不褪色地留在了岳飞的后背上。母亲的鼓舞激励着岳飞。岳飞投军后,很快因作战勇敢升为秉义郎。这时宋都开封被金军围困,岳飞随副元帅宗泽前去救援,多次打败金军,受到宗泽的赏识,称赞他"智勇才艺,古良将不能过",后来成为著名的抗金英雄,为历代人民所敬仰。

俗语说:"望子成龙,望女成凤"。身为儿女的我们,要想养父母之志就要有远大的志向,不断完善自己,提高各种能力,实现自己的理想和价值,成为对国家和社会有用的人。平时,还要把学习和工作中的成绩多向父母汇报,让我们用点滴的进步作为最温暖的礼物,送给我们最亲爱的父母。

名言

孝子之养也,乐其心,不违其志。

——《礼记》

父母的一生可能是平凡的,平凡得让我们无法在别人面前谈起;父母的一生可能是清贫的,清贫得让我们不愿在众人面前夸赞炫耀;父母的一生可能是普通的,普通得就像一块随处可见的鹅卵石。可就是这样的双亲,在你跌倒的时候,扶你起来,教你站立,指引你一步步走向成功。父母对儿女的爱,伴随我们一生一世。不管我们处在顺境,还是逆境;不管我们是呀呀学语的儿童,还是步入社会的青年;不管我们是默默无语的平民百姓,还是地位显贵的高官富豪,父母的爱永远是一如既往,"只为耕耘,不问收获"。作为儿女,我们要从现在做起,铭记父母的恩情,感恩父母的养育,践行孝亲,让爱在亲情中传递、永恒!

☞ 情境思考

当我们老了的时候

——一封父母写给子女的信

当我们老了,不再是原来的我们,请你们做儿女的理解我们,对我们要有一点耐心。不要嫌我们终日唠唠叨叨、前言不搭后语,其实还不都是为你们好。常言道:不听老人言,吃亏在眼前。当我们吃饭漏嘴的时候，把饭菜留在衣服上的时候，千万不要责怪我们。请你们想一想：当初我们是如何手把手给你们喂饭的。当我们大小便失禁的时候，弄脏了衣服，不要埋怨我们迟钝。请你们想一想你们小的时候，我们是如何为你们擦屎擦尿的。当我们说话忘了主题，请给我们一点回想的时间，让我们想一想再说。其实谈什么并不重要，只要有你们在旁边听我们说下去我们就心满意足啦。孝敬不一定非要物质和金钱不可，在力所能及的范围内时常牵挂着我们就行啦。饭后给我们老两口端杯热茶，阳光灿烂的日子陪我们出去散散心、聊聊天。等你们结了婚生了孩子，带回家常让我们看看就开心啦！当看着我们渐渐变老，直到弯腰驼背、老眼昏花的时候，不要悲伤。这是自然规律使然，要理解支持我们。当初我们引领你们走上人生之路，如今也请你们陪伴我们走完最后的路。多给我们一点爱吧！我们会感激，回馈你感激的微笑。这微笑中凝聚我们对你无限的爱！

思考：1. 看了这封信，为人儿女的同学们想到了什么？

2. 人终将有一天都会老去，当我们有一天为人父母并逐渐衰老的时候，我们会希望我们的子女怎样做？

小 结

敬老爱亲是中华民族的传统美德之一，是做人的最基本道德。因为是父母给予了我们生命，是父母哺育我们成长，是父母教育我们做人并给予我们天下最无私的爱，因此我们要孝亲。要做到孝亲，首先我们要有一颗孝心；其次要养父母之身，养父母之心，养父母之志。孝敬父母是我们每个人应尽的义务，孝亲会让我们的家庭更幸福美满，让我们的社会更加温暖和谐。

作 业

1. 作为儿女，想想我们曾经为父母做了什么？今后我们该怎么做？
2. 给自己的父母写一封信，表达对父母的真挚情怀。

第六章　尊　师

子贡尊师

子贡是孔子的徒弟，他非常尊敬自己的老师。一次，鲁国有个大夫在人前贬低孔子，抬高子贡，刚好被子贡听到了。他非常气愤，丝毫不因为那人在夸自己而给他留情面，当即打了一个比方。他说，如果说每个人的才能就是一所房子，那么老师的房子围墙就有十多丈那么高，屋子里富丽堂皇，一般人没法翻过围墙看到里边的摆设；而子贡我的房子呢，不过是只有肩高的围墙，一眼就可望尽。接着，他又把老师比作太阳和月亮，太阳和月亮可是光彩照人，不是常人所能超越的呀！大夫听了这一席话，脸上一阵红一阵白，十分惭愧。

在孔子病危时，子贡未赶回，觉得对不起老师，别人守墓三年离去，他在墓旁又守了三年。足见师徒情深，尊师情诚，实属中华尊师孝道楷模第一人。后人感念此事，建屋三间，立碑一座，题为"子贡庐墓处"。因子贡为孔墓所植之树为楷树，后世便以"楷模"一词来纪念这位圣徒。

思考：读了这个故事，你对尊师是否有了新的理解？

链接：至圣先师——孔子

孔子是我国古代伟大的思想家和政治家，儒家学派创始人，世界文化名人之一（图6-1）。他也是第一个打破贵族教育垄断，开创私学的人，可谓中国第一位职业教师。他将很大一部分精力用在教育事业上，弟子多达三千人，其中有名的弟子七十二个。

图6-1　孔子青铜雕像

子贡尊师值得传颂，他给后世的人们树立了光辉的典范。中华民族素有尊师重教的传统，无论是古代的子贡，近代的梁启超，还是现代的毛泽东，他们都是尊师的模范。但在当

名言

人冀子孙贤，而不敬其师，犹欲养身而反损其衣食也。

——王卓《今世说》

今社会里,受各种思潮的影响,一些青少年盲目追求平等、追求自由,他们对尊师的内涵缺乏深刻的认识,使传统的尊师美德受到了挑战。因此,我们必须重新审视尊师的内涵和意义,继承并发扬尊师的传统美德。

一、尊师的内涵

"尊师"的词义即尊敬师长。中国传统民居的堂屋中间一般供奉天、地、君、亲、师,可见师是仅仅次于父母的长辈,故以前称呼老师都是师父,便是严师如父的意思。

尊师的对象并不仅仅局限在学校里的老师。"圣人无常师",在我们的生活中,一定有许多影响过我们的人,他们或给我们以德行的模范,或给我们以思想的启迪,或给我们以技术的指导等,这些人都是我们的老师,都应被我们所尊重!

二、为什么要尊师

尊重他人是一种修养和美德,我们对身边的每个人都应该给予尊重,更何况是给予我们知识,教育我们成才的恩师呢?

当我们回顾所走过的人生之路,追寻我们身心成长和事业发展的源头,很多人都会不约而同地想到一个人,那就是我们的老师。

(一) 老师给予我们知识,让我们认识了大千世界

是老师,把无知的我们领进宽敞的教室,为我们开启智慧的大门,教给我们丰富的知识。我们就像春日刚破土的嫩苗,老师用辛勤的汗水,丰富的知识滋润着我们成长,充实着我们的头脑,增添我们认识世界的力量。在各种知识的哺育下,我们从天真的儿童成长为有思想、有追求的青年,我们有了一定的技术专长,能解决各种实践问题;我们认识了玄妙的大千世界,变得冷静、智慧、客观、博学。是老师给予我们各种知识,让我们拥有明亮的眼睛去认识、探索世界。

(二) 老师教给我们做人的道理,让我们懂得了是非美丑

如果说掌握知识困难重重,那么解开人生这道试题就更加艰难。在生活的海洋里,是老师为我们指点迷津、排难解疑,教我们分清是非、善恶、美丑,使我们的心灵变得纯洁、高尚。

回想我们的人生,形成对事物认识、辨别能力以及做人准则,其影响最大的就是我们不同阶段的老师。老师在传授知识的同时,更是在教给我们

做人的道理。当我们在成长的过程中有了缺点和错误的时候,循循善诱地把我们引导到正确道路上来的是老师,是老师的教诲使我们有了明辨是非的能力;当我们判断失误,迷失方向的时候,时刻注意我们的细微变化,并给予温暖和鞭策的还是老师。是老师的点拨让我们不断辨别正确的方向,指导我们拥有了良好的品行、正确的思想,让我们拥有了正确的人生观、价值观、世界观。人们常把思想品德比作人的灵魂,而给这高尚灵魂奠定基础的,就是我们敬爱的老师。所以,老师值得尊敬,因为他是塑造我们灵魂的工程师。

(三) 老师是我们人生道路上的领路者,让我们走向成功

老师是对我们事业影响最大的人之一。老师的一句话,往往会坚定我们为一项事业奋斗终生的信念;老师一次偶然的提示有可能点亮我们对某一领域兴趣的火花。

著名作家魏巍在《我的老师》一文中这样写道:"最使我难忘的是我小学的老师蔡云芝先生。她爱我们,课外的时候,她教我们跳舞。假日里,她把我们带到她家里和女朋友的家里,在她女朋友的园子里,她还让我们观察蜜蜂,也是在那时,我认识了蜂王,并且平生第一次吃了蜂蜜。她爱诗,并且爱用歌唱的音调来教我们读诗,直到现在我还记得她读的音调,还能背诵她教我们的诗。今天想来,她对我的接近文学和爱好文学,是有着多么有益的影响!"

据统计,许多诺贝尔奖获得者在发表获奖演说的时候,都会情不自禁地回忆起对自己成长中影响最大的一位老师!居里夫人曾说过:"不管一个人取得多么值得骄傲的成绩,都应该饮水思源,应该记住是自己的老师为他们的成长播下了最初的种子。"老师是我们成长道路上的力量源泉,是我们事业前进路上的引路者!

(四) 老师用生命点燃了人类希望的火种,是无悔的奉献者

> **名言**
> 明师之恩,诚为过于天地,重于父母多矣。
> ——葛洪《勤求》

对教师的职业,人们有着数不清的赞誉,"教师是蜡烛,照亮别人,燃烧自己";"教师是铺路石,粉碎自己,平坦人生";"教师是春蚕";"教师是孺子牛",等等。老师有一个博爱的、海纳百川的胸怀。他们把奉献作为自

第六章 尊师

己的快乐,把给予作为自己最大的幸福。老师像太阳一样为学生播撒光和热,使学生变得强健有力、自强自立、努力追求生命的真谛实现生命的价值。老师点燃了人类不断追求文明、追求进步的火焰,同时,老师的付出里面还孕育着真挚深厚的情感,他们的付出超出了岗位要求,为了学生,老师不仅能做到奉献,甚至甘愿做出牺牲。

> ☞ **链接:教坛的"保尔"**
>
> 在甘肃山区有位叫张学成的小学教师,被人称为教坛的"保尔"。他的事迹使无数人闻之落泪。
>
> 他任教的小学是当地条件最为艰苦的地区。就在张学成任教不到一年的时候,接二连三的不幸降临到他身上。先是一次普通的静脉注射,意外地使他下身偏瘫;接着,他的左腿在进行化疗时,不慎造成大面积烧伤;此后,他的左脚又遭到感染做了植皮手术。1998年秋季,他又被医生告知患有溃疡性结肠炎,而且可能会发生癌变。病痛折磨着他的肉体,但并没有削减他对教育的热爱。路不能走了,他让妻子牵着毛驴接送;讲台上站不住了,他就趴在讲桌上讲课,学生们多次哭着把老师抬进教室。冰雪天里,妻子抄起铁锹在前面为他铲脚窝,张学成紧跟身后,一跌一撞地向学校走去。一段正常人只需走一个多小时的山路,夫妻俩却搀扶着足足要走5个多小时。他对学生关爱备至,即使在债台高筑、生活异常艰难的情况下,仍然经常用自己微薄的收入为贫困生垫付学杂费、买学习用品。他身残志坚、扎根山区、献身教育的事迹被广为传颂,被人们誉为"教坛保尔"。就是这样的环境条件下,张学成在教师的岗位上一干就是30多年。他说:"当一名教师,是我生命价值的体现。我最深的体会就是要热爱学生,热爱可以改变一切。我最大的希望就是,让山区的孩子都能走出大山,用知识来回报山区,回报社会。"

人之为人,在于我们拥有区别于其他动物的精神和灵魂。教师被称为"人类灵魂的工程师",因为是他们把无知的灵魂变得睿智、高尚,是他们推动和加快了人类社会由愚昧走向文明的步伐。

三、应该如何尊师

尊师,不仅仅是在心灵上的一种认可与赞美,而最重要的是要落实在行动上。

（一）尊重老师的劳动

尊重老师的辛勤劳动体现在努力学习和踏实做人上。我们要认真听好老师的每堂课，按老师的要求去做，努力学习知识，不辜负老师的期望；同时，还要接受老师的批评和教育，做诚实守信、真诚乐观、积极进取、文明宽容的青年学生，取得良好的学习成绩和拥有优秀的品质是对老师最大的尊重。

（二）尊重老师的人格，维护老师的声誉

作为学生应从心里敬重老师，尊重老师的人格。"人非圣贤孰能无过"，老师并不是掌握所有真理的完人。万世师表的孔子都说自己不是"生而知之"的圣人，因而像我们身边普通的老师不懂的东西更不知有多少！所以如果发现老师的不足，应该虚心地说明，帮助老师改正；听到有人对你的老师做出不正确的评价，甚至诋毁老师，我们更应该维护老师的声誉，做一个知恩、感恩、善良、智慧的学生。

（三）礼仪行事

尊重老师还体现在和老师交往的细节中。见到老师应问好、行礼、主动让路；上下课要起立迎送；进老师办公室时，要轻轻敲门或喊报告，然后开门进去，行礼后说明来意；在老师办公室、寝室不能乱翻动老师的物品；休息时间最好不打扰老师；不顶撞老师；到办公室或老师家不宜逗留过久，办完事应尽快离开等。

（四）关心爱戴老师

老师在我们眼中永远是一个依靠，一份依赖，好像一个取之不尽的能量源泉。老师总是把坚强的一面留给我们，当我们遇到任何问题，总是拿起电话不假思索地向老师求助，其实我们敬爱的老师也有很多烦恼，有时他们也很脆弱，工作、家庭、孩子、老人，还有不成熟的我们，老师的肩上担着太多的责任，他们同样需要关爱和鼓励。面对为我们付出从来不计回报的亲爱的老师，我们应该从心底去关心爱戴他们，关心老师的身体，分担老师的烦恼，热爱我们的老师。这更是尊师的一种体现和升华。

☞ **情境思考**

给老师的一封信

亲爱的老师：

你好！

在这里恭敬地称呼您一声老师，其实我更喜欢喊您××哥，虽然很

第六章 尊　师

没礼貌，但是觉得很亲切。两年半就这么过去了，我们马上要去实习了，这两年半里让您费了不少心，也给您添了不少麻烦，虽然您每次教育我的时候，为了那点所谓的尊严和面子，我嘴上总是不服气，但是我心里知道您是为我好，所以我真的很感谢您。记得刚开学的时候我特别不懂事，做了许多的错事，和同学关系也处理不好……谢谢您当时没有把我放弃。您在同学录上说的那些心里话我都会永远记得，实习的时候我会好好学习，不能让您两年多的教诲付诸东流，等实习回来后让您看见一个不一样的我，一个让您骄傲的我！让您知道我们真的已经长大，也希望老师您注意身体，保护好嗓子，等实习结束我们回来聚会的时候，您好好和我们一同唱起我们共同的班歌——《永远不服输》，这首歌是我生命中最动听的歌……

祝您身体健康！

您永远的学生：××

××××年××月××日

思考：看过上述这封信之后，谈谈你的感受。

小结

尊师是我们中华民族的传统美德，我们要尊重老师的劳动，尊重老师的人格，维护老师的声誉，对老师礼仪行事。因为老师给予了我们知识和做人的道理，使我们走向成才与成功。老师用自己的生命点燃了人类希望的火种，我们要永远真心地尊敬老师，永远真心地感激教育过我们、帮助过我们的老师们！

作　业

1. 回忆对你影响最深的老师，给老师写一封信，说说你的心里话。
2. 班级开一次以"尊师从我做起"的主题班会。

第七章 励　　志

学生A,一个普通的农村孩子,在一所中等职业学校读书,尽管也很努力,但在班级排名一般。第二学期之后,许多同学学习开始松懈,但A始终闷头学习,凭着这股韧劲,后来A始终保持了班级前三名的学习成绩。在医院实习期间,A业务水平好,勤快能吃苦,实习结束后被留在该医院工作。刚开始工资才五六百元,只能维持基本生活。但A咬着牙挺着,他相信天道酬勤。在后来的工作中,A曾经连续3个月一天也没有休息,手机24小时开机随时处理工作,经过十余年的奋斗,中专毕业的A现在担任辽宁某大学学生处副处长,年仅30多岁,看似不可能的事情A却成功做到了。A说,其实在学习上我不是那么聪明的人,只是自己能够做到坚持、不放松。工作中也不是能力最强的人,但能做到对任何事情都努力不放弃。我的成功秘诀就是把别人贪玩的时间用在对人生目标的追求上,同时在困境中咬着牙不改初衷。

学生B,来自城市,和A一个寝室,B聪明帅气有活力,入学不久就受到老师和同学的注意,后来担任班级体育委员。B接触的人越来越多,男孩子都爱讲面子,今天有人过生日他要一起去庆祝,明天周末寝室聚会他要一起参与,渐渐的B学会了吸烟喝酒,后来又开始谈恋爱,B很享受他的生活,朋友成群,花前月下,老师多次找他谈话他都不以为然,B觉得他的日子很快活。时间一晃而过,毕业时他被分到沈阳一个区医院,微薄的工资,繁重的工作哪里是他能承受的,他三天打鱼两天晒网,不久就被医院停薪留职,回家待岗。

思考:1. 同样的学习环境,条件比A优越的B为什么最后在竞争中被淘汰?

2. 从A的经历中你是否找到了成功的秘诀?

每个人都渴望成功,都渴望发挥出自己最大的人生价值,被他人和社会认同,并创造自己美好幸福的生活,那么在人生道路上,我们究竟如何做才能拥抱成功?就像故事中的A所说,在顺境中我们要摒弃安逸享乐,困境中我们要咬紧牙关不改初衷,为了人生的目标充满激情踏实又勤奋地努力追求,这就是励志——一把开启成功之门的金钥匙。

一、励志的内涵

"励"即勉励,磨炼,振奋。

"志"即志向、志愿、志气。

"励志"是指在坚定信念支配下发掘个人潜能,激活生命能量,唤醒创造激情的方式或过程。而励志的目的就是以务实的精神和非凡的创造力努力实现人生目标。励志绝不是空喊口号,而是踏踏实实地去做。

> **名言**
> 古之立大事者,不唯有超世之才,亦必有坚忍不拔之志。
> ——苏轼《晁错论》

二、为什么要励志

(一) 励志可以让我们战胜自我

> 小丽从小就梦想着当一名白衣天使,中专毕业后,她来到一个护士资格考试培训班学习。日子一天天过去,乏味的住宿生活,餐厅不合口味的大锅饭,渐渐地熄灭了小丽心里的激情,同班的学生一个个离队而去,小丽的心更慌了。一次她打电话回家本想告诉家里准备放弃补习,可是父母不在家里,奶奶接的电话,奶奶气管炎犯了,上气不接下气地说,大孙女在外好好学习,将来好给奶奶治病。小丽握着手机突然惊醒,她意识到自己的脚步偏离了目标的方向,她想起了自己从小的梦想,小丽羞愧难当,她决定重新积聚力量开始奋斗,渐渐地,小丽的心开始安静下来,她总是第一个起床,拿着书本去教室,她总是最后一个休息,一遍遍的复习知识要点,小丽一点一点地朝着自己的人生理想迈近。

从小丽的身上,我们模糊地会看到自己的影子,在奋斗的路上,有时我们会贪恋温暖的被窝,我们会畏惧学习的枯燥和辛苦,这些会让我们止步不前、迷失方向。砺志能振奋我们的志气,让我们战胜自己的惰性和畏难情绪,更有韧性,更积极、更乐观地全身心投入到对理想的追求中。

(二) 励志可以激发我们的潜能

> 他是一个普普通通的农村孩子,通过努力,考上了一所城里职业学校。不善言辞又内向的性格让他总是自卑地躲在人后,他不知道该怎样克服自己的怯懦去实现自己的梦想,因为他喜欢运动,所以他开始跑步。

每天下晚自习后,他从不间断一圈一圈地绕着操场、绕着甬路跑步,他在奔跑中不断超越身边的人,在这种超越中他渐渐地找到了自信,感觉自己越来越有力量。运动不但能带来健康,磨炼了他的意志,更给他带来生命的激情。他骨子里那种不服输的精神被激发出来,化作了人生前进的动力。在一次校运动会上,他参加了1500米和5000米两个项目比赛,结果是得了两个第一名,当全校师生为他加油的时候,他感到振奋,看到了希望,后来他从一名普通同学成长为优秀的学生干部,并加入了中国共产党。

其实,每个人身上都有着巨大的潜能。怎样激发出生命的能量?就是在一次次的磨砺中,在踏实的学习和积累中不断了解自我、发现自我,从而使自己的潜能得到充分发挥。上面故事中的主人公在运动中超越自我,挑战极限,磨砺意志,认识自我,最终振奋志气成就人生。天王刘德华曾被笑为最不会唱歌的人,但就是在这种讥讽中,刘德华顽强拼搏,挖掘潜能,最终成了影视歌三栖明星。世界著名作曲家、钢琴家贝多芬,从小就酷爱音乐,但不幸的是28岁时突然失聪。面对人生绝境,面对命运的考验,他没有服输,凭着对音乐的执著追求,在困境中,他的生命释放出更大的能量,最终写出了《英雄交响曲》、《命运交响曲》等著名音乐作品。他最经典的一句话是:"我要扼住命运的喉咙!"励志能激发我们的潜能,让我们的生命释放出更大的能量。

(三) 励志可以让人走向成功

> **链接:永不退缩的林肯总统**
>
> 生下来就一贫如洗的林肯,终其一生都在面对挫败,八次竞选八次落败,两次经商失败,甚至还精神崩溃过一次。然而面对这些,他并没有放弃,最终成为美国历史上最伟大的总统之一。
>
> 以下是林肯进驻白宫前的简历:1831年,经商失败。1832年,竞选州议员,但落选了!1832年,工作也丢了。想就读法学院,但进不去。1833年,向朋友借钱经商,但年底就破产了,后花了16年才把债还清。1835年,订婚后即将结婚时,未婚妻却死了,因此他的精神完全崩溃,卧病在床6个月。1840年,争取成为选举人,失败了!1843年,参加国会大选,落选了……直至1860年,当选美国总统。

从林肯的经历中我们可以看出,要想成功一定要经受住很多命运的考验,正如一首歌中唱道:"没有人能随随便便成功!"在追求成功的路上,励志是必不可少的过程。人生道路不可能是一帆风顺,必定充满荆棘。在我们奋斗的过程中,有时会有挫折,有时会有诱惑,有时会面对困难和挑战。正因为这样,我们才要励志,我们需要有坚定的信念支撑我们的灵魂,需要不断地振奋志气、明确目标、激发能量,坚定地向着成功的目标前行。励志是成功不竭的动力和能量源泉。

三、应该怎样励志

(一)树立切合实际的奋斗目标

> 小明在来一所中等职业学校上学,52人的班集体中,是一个很不起眼的男生,他很茫然,不知道4年后能做什么。他也有人生的理想,想做出一番事业,但是他不知道该如何去实现理想。后来慢慢地,小明就不去想太遥远的未来,他为自己确定了很小很小的目标:听好每一节课、做好每一项小的工作,甚至包括说好每一句话。
>
> 渐渐地他发现,这个目标对他来说是太重要了!因为他认真地听每一节课,所以每学期末他都能取得好成绩,获得奖学金;因为他认真做好每项小的工作,得到了老师和同学的信任;因为他的礼貌谦逊,更得到了大家对他的尊重。后来,他逐渐在这些小目标的确立和实现中不断增强自信并不断成长,他迈向理想的步伐越来越大,越来越坚定。

看了小明的故事,可能有的同学会说,这有什么难!其实一时不难,难的是上学三、四年能始终这样坚持,而且在人生路上一直这样坚持,正因为有这种坚持,所以毕业的时候,小明欣喜地留校任教;也正是因为这样的坚持,小明一路走到了今天,现在担任学校的领导。如果小明当初抱着自己的远大理想不放,天天想着要成就大事业,不屑于做小事,不屑于养成好的学习习惯和良好的品行,那么即

名言
志不立,天下无可成之事。
——王阳明

使他的目标再高远也会缺少成功的根基。谁在实现人生目标的时候都不可能一蹴而就,所以在人生的每个阶段都要根据具体情况分阶段设定奋斗目标,在学生时代要有现阶段符合实际的学习目标,在工作中要有符合实际的

工作目标,然后才能逐步实现人生的远大目标。

(二) 坚定实现目标的必胜信念

> **链接:我要走**
>
> 一个小男孩在一个乡村学校读书。一天,校舍发生火灾,小男孩被救出时下半身被严重烧伤,医生对他母亲说,他儿子难逃一死,因为可怕的大火已经烧坏了他的下半身。但勇敢的小男孩并不想死,他决心活下来。让医生惊讶不已的是,他居然活了下来。后来医生说这下他注定要做一辈子的残废人,他无法再活动他的双腿。这个勇敢的男孩再一次下定决心,他不想做一个瘸子,他要走路。
>
> 他终于出院了。每天他母亲要为他按摩双腿,但他毫无知觉。然而他再次站起来的决心依然是那么坚定。在一个阳光明媚的日子,他母亲推着轮椅,让他到院子里呼吸新鲜空气。这一天,他放弃了轮椅,拖着双腿,在草地上爬行。他爬到院子的围栏边,费力地抓住围栏,让自己的身体直立起来。然后,一根栏杆接着一根栏杆,他开始拉住围栏把自己向前拖,心中想着自己一定会走。他开始每天这样锻炼,直到院子的围栏边拖出了一条小径。他一心想着自己能再次走路。最后,通过每日按摩和他钢铁般的毅力和决心,他终于能够自己站立了。后来,他可以自己摇摇晃晃地行走,再后来,他可以自己跑了。
>
> 他开始步行去学校,然后跑步上学,他跑步纯粹是出于那种飞跑的快乐。在大学里,他入选校田径队。后来,在麦迪逊广场花园,这个没想到会活下来、肯定无法行走、更别梦想跑步的意志坚定的年轻人,格兰·坎宁安博士(Dr. Glenn Cunningham),打破了一英里的世界纪录!

从格兰·坎宁安博士的经历中,我们可以看出坚定的信念在人生追求中所起的作用。励志是在坚定信念支配下的行为和过程,所以要做到励志,首先要有一个坚定的信念。信念是实现人生目标必须具备的主观条件。在实现目标的过程中,它是战胜各种困难的支撑力量,是保证持之以恒的稳定力量。坚定的信念、执著的追求、不懈的奋斗是通向理想彼岸的桥梁。

（三）磨炼努力拼搏的顽强意志

链接：从零资产到亿万富翁的奥秘

一个农民，初中只读了两年，家里就没钱继续供他上学了。他辍学回家，帮父亲耕种三亩薄田。在他19岁时，父亲去世了，家庭的重担全部压在了他的肩上。他要照顾身体不好的母亲，还有一位瘫痪在床的祖母。听说养鸡能赚钱，他向亲戚借了500元钱，养起了鸡。但是一场洪水后，鸡得了鸡瘟，几天内全部死光。他的母亲受不了这个刺激，竟然忧郁而死。

他后来酿过酒，捕过鱼，甚至还在石矿的悬崖上帮人打过炮眼……可都没有赚到钱。但他还想搏一搏，就四处借钱买一辆手扶拖拉机。不料，上路不到半个月，这辆拖拉机就载着他冲入一条河里。他断了一条腿，成了瘸子。几乎所有的人都说他这辈子完了。

但是后来他却成了一家公司的老总，手中有两亿元的资产。现在，许多人都知道他苦难的过去和富有传奇色彩的创业经历。媒体采访他时有这样一个情节：

记者问他："在苦难的日子里，你凭什么一次又一次毫不退缩？"他坐在宽大豪华的老板桌后面，把喝水的玻璃杯握在手里，反问记者："如果我松手，这只杯子会怎样？"记者说："摔在地上，碎了。""那我们试试看。"他说。他手一松，杯子掉到地上发出清脆的声音，但并没有破碎，而是完好无损。他说："即使有10个人在场，他们都会认为这只杯子必碎无疑。但是，这只杯子不是普通的玻璃杯，而是用玻璃钢制作的。"

于是，人们记住了这段经典绝妙的对话。这样的人，即使只有一口气，他也会努力去拉住成功的手，除非上苍剥夺了他的生命……

人在实现人生目标的道路上不会一帆风顺，必然会遇到这样那样的困难，没有顽强的意志是无法前进的。对于每一个要克服的障碍，都离不开意志力。事实上，意志力并非是生来就有或者不可能改变的，它是一种能够培养和发展的能力。所以，我们要从小事着眼锻炼意志，对要做的每一件事都坚持到底，对每一次磨难都从容面对，面对困难不改初衷，这样就能磨砺出坚定的意志，从而在追求成功的路上更能抗击风雨，早日拥抱成功。

（四）增强实现目标的能力素质

> **链接：乔丹的故事**
>
> 美国球星迈克尔·乔丹在高中的时候，他的教练告诉他说："迈克尔·乔丹，你身高不够高，没有超过180厘米。所以即使你球打得再好，以后也不可能进入NBA（美国男篮职业联赛），我们决定不要你这个球员。"乔丹想："怎么可能？我未来要进北卡罗来纳州大学，怎么可能我连高中的校队都进不去？"迈克尔·乔丹就跟他的教练讲："教练，我不上场打球，可是我愿意帮所有的球员拎行李。当他们下场的时候，我愿意帮他们擦汗。请你让我在这个球队，跟这些球员一起练球。"教练发现迈克尔·乔丹对成功的渴望的确超过任何人，所以他接受了迈克尔·乔丹的建议。有一天早上8点钟，篮球场的管理员跑去整理球场，发现有一个黑人倒在地上睡觉。他问道："你叫什么名字？"这个黑人好像很累的样子说："我叫迈克尔·乔丹。"实在是太累了！迈克尔·乔丹早上练球，中午练球，下午跟着球员一起练球，晚上还要练球，他比任何人都要努力。结果，后来迈克尔·乔丹在NBA连续数年，不止是得分王，不止是最有价值球员，也是全NBA五位票选最佳防守球员之一。

> **名言**
> 哪怕是对自己的一点小的克制，也会使人变得坚强起来。
> ——高尔基

乔丹的目标是上场打球，为了实现这个目标，他创造并抓住机会全力以赴，提高自己的能力素质。后来他球技精湛，并且身高也长到198厘米，如愿以偿在球场上绽放光芒。励志的目的是为了调动我们每个人的积极性和创造力，但前提是必须要有一定的能力做基础，否则我们对自己的振奋和激发都将是无源之水、无本之木，我们的奋斗目标就像"空中楼阁"遥不可及，我们的奋斗过程也变得毫无意义。所以我们在奋斗的过程中要不断提高个人的能力素质，掌握知识，练就本领，才能在不断的磨砺中使羽翼更加丰满有力量，从而逐步靠近自己的理想。

第七章 励 志

☞ 链接：老鹰的再生

老鹰是世界上寿命最长的鸟类，它的年龄可达70岁（图7-1）。要活那么长的寿命，它在40岁时必须做出困难却重要的决定。

当老鹰活到40岁时，它的爪子开始老化，无法有效地抓住猎物。它的喙变得又长又弯，几乎碰到胸膛。它的翅膀变得十分沉重，使得飞翔十分吃力。它只有两种选择：等死，或经过一个十分痛苦的更新过程。150天漫长的操练，它必须很努力地飞到山顶。在悬崖上筑巢，然后停留在那里，不得飞翔。老鹰首先用它的喙击打岩石，直到完全脱落。然后静静地等候新的喙长出来。它会用新长出的喙把指甲一根一根地拔出来。当新的指甲长出来后，它们便把羽毛一根一根地拔掉。5个月以后，新的羽毛长出来了。老鹰开始飞翔，得以重新再过30年的岁月！

图7-1 老鹰

☞ 情境思考

小芳和小华上学时就是一对好姐妹，毕业后，小芳凭借优秀的业务能力在一家医院找到工作，成为一名白衣天使，每天悉心照顾患者，为病人减轻痛苦，工作让她觉得有意义又充满乐趣。小华毕业后因为专业水平一般，所以一直没有找到理想工作，后来她开始卖服装。小华学习一般但很有商业头脑，几年后小华成了大款。看着昔日的同窗今日如此风光，小芳坐不住了，因为上学时小芳曾经是校模特队成员，凭借先天的身高和美貌，她决定辞职去当专业模特赚钱。模特要求身材，小芳开始减肥，每天只吃一顿正餐，饿了只吃水果，同时坚持形体训练，一个月过去了，体重还是达不到要求，小芳咬着牙挺着，她要为理想搏一搏，后来小芳开始经常心慌、头晕，在一次训练中小芳眼前一黑晕倒在地，被送到医院，医生诊断为营养不良。

思考：1. 你怎么理解成功的含义？
2. 励志需要注意哪些问题？

小结

每个人都渴望成功,励志是开启成功之门的一把金钥匙。励志可以让我们战胜自我,激发潜能走向成功。而我们在励志的过程中要树立切合实际的奋斗目标,坚定实现目标的必胜信念,磨炼努力拼搏的顽强意志,增强实现目标的能力素质。这样,我们才能在追求人生目标的路上迎接一切挑战、不断前行,最终到达成功的彼岸。

作业

1. 确立一个切合实际的人生短期目标并开始为之努力。

2. 找出自己可以战胜困难走向成功的五个理由,如果不够就列出走向成功我要具备的5种能力并开始有计划地提高自己。

第八章 勤　　学

　　人生的道路各不相同,成功的经验也各有千秋,究竟什么才是成功的秘诀？成功看似遥远但实际上又触手可及,看看这些人吧,你相信一个医疗专业的中专毕业生能在全国涉外护理英语教师大赛中获得一等奖吗？你相信从未碰过电脑的新兵经过勤学苦练一分钟能打出130个汉字吗？让我们一起来探寻一下他们的成功之道吧！

　　他,1999年到某中等职业学校就读医士专业,一位老师对他说了一句话:"你会英语吗？英语和计算机在当今社会可是必备的技能。"也许是一句无心的话,但却在他的心里埋下了希望的火种,他开始有了梦想,并为了实现梦想开始执著的追求！接下来的一个假期,他向邻村的一位高中毕业生借来高中英语书,一共六本,开始自学,从此踏上了勤学之路。多少寒霜酷暑,都阻止不了他求知的脚步,他利用周末参加英语培训班,别人喝茶时他在学习,别人聊天时他在学习,凌晨一点,当人们沉浸在甜美的梦乡时,他还在学习,午夜站在操场上,他喊出的不仅仅是英语单词,更是他对梦想的执著和渴望,凭着这种精神,2005年下半年他通过英语六级考试。工作后,他仍然坚持学习并于2010年参加全国涉外护理英语说课比赛,获得一等奖。现在,他在网上兼职英语教师,教大学生、研究生口语。十多年来他一刻都没有放弃过学习,他的梦想是成为一个合格的英语教师,做一名优秀的翻译。他现就职于某中等职业学校,任英语教师,是一个用勤学敲开梦想之门的人。

　　他,1993年毕业于某中专医士专业,毕业后去参军,因为部队工作需要,他需要立即掌握计算机技术,而当时他根本就没接触过计算机,怎么办？搏一搏吧,学问勤中得！他把除了训练之外所有的时间都用来学习计算机,甚至在可怜的三四个小时的睡眠中,他的手指还在无意识地做着敲打键盘的动作,一个月的时间过去了,他不但熟练地掌握了计算机技术,而且一分钟能打出130多个汉字。退伍后,他在医疗岗位工作了14年,他的勤学成就了他的事业,不到30岁,他就成为医院的副书记,可他从不满足现状,喜欢挑战人生的他,通过勤奋学习,于2010年成功考取了国家司法系统公务员。

　　思考:在他们身上,你是否找到了能打开成功之门的金钥匙？

一、勤学的含义

看古今中外，凡有建树者，在其历史的每一页上，无不都用辛勤的汗水写着一个闪光的大字——"勤"。勤学，即努力学习，强调一个"勤"字，意在突出后天刻苦学习的重要作用。

二、为什么要勤学

（一）勤能高效

1. 勤能让我们学得更多　一个人的生命是有限的，而知识是无穷尽的，如何让我们在有限的生命里学到更多的东西，拓展生命的宽度，勤学就可以做到这点。

2. 勤能让我们学得更快　一个人刚一出生，纯净得如同一张白纸，需要不间断的、有意识和无意识的学习来填充大脑，在纸上画出这样或那样的符号，而各种符号就铸就了每个人不同的素质、能力、人格和不同的人生。勤学可以让人更快地去接收各种信息和知识，让我们更快地练就本领去畅游大千世界。

3. 勤能让我们学得更好　一个人的记忆有限，通过勤学，对知识不断地复习和巩固，加强记忆，将过去所学拿出来一点点地咀嚼，就能进一步消化吸收，就会有新的理解、新的认识、新的收获，这样才能学得更好，受益更多。

> 在某校新生报到的第一天，有两个来自不同城市的女孩同时选择了相同专业并非常巧合地在同一个时间到达寝室，分别住在上下铺，对友情的渴望，对陌生环境的恐惧很快让两颗年轻的心贴得很近。她们一同上课，一同吃饭，一同回寝室，所不同的是在其他的时间里，上铺的女孩如不知疲倦的钟摆用渴望的双眼摄取着各种知识营养，而下铺女孩的身影却淹没在网吧和花前月下。期末考试后她们同时收到了家长通知书，然而内容却大不相同，上铺的女孩考了班级第一名并被评为优秀学生，而下铺的女孩却由于两科不及格需要提前回学校补考。开学后她们仍旧重复着看似相同的轨迹，一同上课一同回寝室，但下铺女孩渐渐感到空虚和对自己的不满，同样的起早贪黑一起求学但她们的差距却越来越大，她意识到在求学的路上，她的字典里少了一个字——勤。

（二）勤能补拙

> 曾国藩，清朝军事家、政治家、文学家，是中国历史上最有影响的人物之一，然而他小时候的天赋却不高。有一天在家读书，对一篇文章重复不知道多少遍了，还在朗读，因为他还没有背下来。这时候他家来了一

第八章 勤　学

个贼，潜伏在他的屋檐下，希望等读书人睡觉之后捞点好处。可是等啊等，就是不见他睡觉，还是翻来覆去地读那篇文章。贼人大怒，跳出来说："这种水平读什么书？"然后将那文章背诵一遍，扬长而去！

贼人是很聪明，至少比曾先生要聪明，但是他只能成贼，而曾先生却成为毛泽东主席都钦佩的人："愚于近人，独服曾文正。"没有人能只依靠天分成功。上帝给予了天分，勤奋将天分变为天才。即使你没有得到上帝的眷顾，没有给你一副聪明的头脑，但只要你带着勤奋上路，你仍然会收获生命的硕果。

> **名言**
> 勤能补拙是良训，一分辛苦一分才。
> ——华罗庚

（三）勤能成才

链接："书圣"王羲之

东晋书法家王羲之（图8-1）自幼酷爱书法，13岁那年，偶然发现他父亲藏有一本《说笔》的书法书，便偷来阅读。他父亲担心他年幼不能保密家传，答应待他长大之后再传授。没料到，王羲之竟跪下请求父亲允许他现在阅读，他父亲很受感动，终于答应了他的要求。王羲之练习书法很刻苦，甚至连吃饭、走路时都不放过，真是到了无时无刻不在练习的地步。没有纸笔，他就在身上划写，久而久之，衣服都被划破了。有时练习书法他会达到忘情的程度，一次，他练字竟忘了吃饭，家人把饭送到书房，他竟不假思索地用馍馍蘸着墨吃起来，还觉得很有味。当家人发现时，已是满嘴墨黑了。勤学的王羲之的"墨池"传说也著称后世，他常临池书写，就池洗砚，时间长了，池水尽墨，人称"墨池"。经过几十年锲而不舍地勤学苦练，终于使他的书法艺术达到了超逸绝伦的高峰，并留下许多佳作，被人们誉为"书圣"。

图8-1　王羲之

没有人能够随随便便成才成功，勤学可以让我们拥有某种才能，并且会让我们的技艺更精湛，从而成为社会的可用之才。

（四）勤能成功

> **链接：无声的舞者**
>
> 　　他从出生起，就听不见任何声音了，到了上学的年龄，还不会叫一声妈妈。12岁时，有一天，在电视里，他看到一个节目——交际舞比赛，那如蝴蝶般翩翩起舞的舞者，飞进了他孤独寂静的心灵，从此他爱上了舞蹈，并要走进舞蹈世界。他先要参加舞蹈训练班，哈尔滨市最大的舞蹈学校有一位老师懂得哑语，他被破例留下了，从此舞蹈世界里多了一名特殊的舞者。台上一分钟，台下十年功。真的涉足舞蹈世界，他才发现想要破茧而出，必须经历化蛹为蝶的痛苦。因为他比别人少了两样东西——嘴巴和耳朵。听不到声音，他就用自己独特的方式来感受音乐。每当音乐响起，他用脚来代替耳朵感受大地的震动，这种震动顺着腿传递到他的心里，他从中找到强音，抓住节奏。只要找准一次强音，他就能和其他同伴一样，做一只蝴蝶，一只用心跳舞的蝴蝶。时间就在他无声的世界里静静流淌，他练得越来越自信、越来越用心。转眼几个月过去了，他成了班上进步最大的孩子。后来，国际交际舞大赛在哈尔滨市举办，奇迹发生了，他在比赛20分钟前才找到舞伴，而就是这对刚刚组成的搭档，以绝佳的表演征服了评委。而最后的结果，让所有人感动不已，少年组的冠军最终属于了这对用"心"在跳舞的临时搭档。
>
> 　　他，就是史秋捡。他终于破蛹为蝶。

　　他成功了，面对自身缺陷，史秋捡没有自暴自弃，而是用勤学苦练叩开了成功之门，他握着"勤学"这把钥匙成功地实现了舞者之梦，世上没有天生的赢家和输家，究竟成为什么样的人取决于我们自己。

　　勤出成果，勤出智慧，勤学就像人生路中的一颗珍珠，它能让你的生命更有价值，并照亮你的前行之路。

三、怎样做到勤学

　　学习的过程是艰辛和乐趣并存的，细心体会，它就如一次人生的赛跑。

（一）今日事今日毕——勤学的起点

> 　　相传，东汉时期杰出的思想家，王充从小就特别喜欢学习，他经常一个人坐在家里读书，就算是看到别的小朋友在外边尽情地玩耍，他也不因

此而心动。有一回，老师给学生们讲《论语》与《尚书》这两部古书，并要求学生学完后要会背诵。才过了三天，老师就让王充背诵，结果王充一字不错地背了下来，老师听得又惊又喜，问他："怎么会这么快就背下来了？"王充认真地说："老师，您讲一段，我就背一段，您当天讲的书我当天就背会了。所以，我就这样背下来了。"那时候的王充，就能有今日事今日毕的好习惯，所以他才能成为思想家和哲学家。

有人说：一个人的一生就只有三天，昨天、今天和明天。昨天已经过去，明天还未到来。不管你昨天是在失败面前潸然泪下，还是在鲜花与掌声中沾沾自喜，对于所有的人，今天永远是一个新的开始。所以，把握住

名言
要把活着的每一天都看做生命的最后一天！
——海伦·凯勒

今天，"今日事今日毕"，但这仅仅只是勤学的一个起点，只有把今天应该学的学会，应该做的做完，才能为勤奋地获取更多的知识拓展空间。

（二）明日事今日预——勤学的起跑线

人都渴望自己有一个美好的未来，由于未来的不可知性越发地让人憧憬，在追逐梦想的旅途中如何能加快我们的脚步，那就请你记住它：明日事今日预，做到这点，你就从芸芸众生中走了出来，站到了勤学的起跑线上。

（三）顽强的毅力——勤学的加油站

王亚南小时候胸有大志，酷爱读书。他在读中学时，为了争取更多的时间读书，特意把自己睡的木板床的一条腿锯短半尺，成为三脚床。每天读到深夜，疲劳时上床去睡一觉后迷糊中一翻身，床向短脚方向倾斜过去，他一下子被惊醒过来，便立刻下床，伏案夜读。天天如此，从未间断。结果他年年都取得优异的成绩，被誉为班内的"三杰"之一。他由于少年时勤奋刻苦读书，后来，终于成为我国现代杰出的经济学家。

名言
顽强的毅力可以征服世界上任何一座高峰。
——狄更斯

在勤学的路上会有各种各样的诱惑和挑战，人的惰性，困难险阻，路边美丽的风景，还有不易克服的运动极限，如何战胜它们？顽强的毅力会是你勤学路上不断为你输送能量的加油站。

（四）明确的目标——勤学的动力源

德摩斯梯尼是古希腊著名的演说家。他的演说词结集出版，成为古代雄辩术的典范。但是他小时候却离一名演说家相距甚远。他天生口吃，嗓音微弱，还有耸肩的坏习惯，在常人看来，他似乎没有一点儿当演说家的天赋。为此，德摩斯梯尼付出了艰辛的努力。

有一天，爸爸发现小德摩斯梯尼说话总是会含含糊糊的，就问他："你说话怎么越来越不利索了？""爸爸，我在嘴里含了块石头，听说这样可以改变发音呢，我想成为演说家！"爸爸摇头苦笑："你呀！给我把话说清楚就行啦！"其实爸爸不知道，含着石头说话只是小德摩斯梯尼锻炼自己的方法之一。为了去掉气短的毛病，他常常面对呼啸的海风，不停地吟诗；为了矫正演讲时爱耸肩的念头，他在屋梁上悬下两条绳索，绳索上吊上两把尖刀，让自己站在两刀之间练习演讲；为了让自己断绝外出玩耍的念头，他把自己剃成阴阳头，以便能安心躲起来练习演说……就这样，经过十多年的磨炼，德摩斯梯尼终于成为了一位出色的演说家。他之所以能成为一名卓越的演说家，是因为他不断刻苦练习。我们要像德摩斯梯尼学习，要为了心中的目标，不懈努力，不要以为自己没有那份才能就放弃了自己的理想。所谓：没有天生失败的人，只有不肯勤学苦练的懒惰者！像德摩斯梯尼这样的口吃者也能成为演说家，而我们又有什么不能的呢？

给自己定下一个目标吧，目标不仅能让你迈出脚步，更会给你一个追逐的方向，在人生的每个阶段，它都像璀璨的北斗星，你会感受到它散发出的光明，它能让你在苦中品出甜，在泪水中品出乐，它会是你勤学路上不竭的动力源，明确的目标等于给勤学的双脚插上了翅膀。

（五）活到老，学到老——勤学的目标

图8-2 活到老，学到老

有位老人到日语班报名，负责登记的小姐问："给孩子报名？""不，自己。"老人回答。小姐愕然。老人解释道："儿子在日本找了个媳妇，他们每次回来，说话叽里咕噜，我听着着急。我想听懂他们的话。""您今年多大？""六十八。""您最少要学两年，可两年后您都七十了。"老人风趣地说："你以为我不学，两年后我就六十六吗？"（图8-2）

第八章 勤 学

老人讲出了一个谁都明白的道理：明年我们增加一岁，不论我们是走着还是躺着，这都是不变的客观规律，可是有人却有收获，而有人却依然是空的。其实要想拥有一个快乐又有意义的人生，就一定要是一个不断学习的人生，任何人都会有这样或者那样的不足，人生一大快事莫过于不断地吸收、不断地进步、不断地超越，顺境中我们要勤学，逆境中勤学更是我们走出人生旋涡的法宝，把"活到老，学到老"作为勤学的目标，你就会一生都和勤学为伴，从而开启快乐精彩的幸福人生。

情境思考

她，现为某市级医院护理部主任，她出生在一个农村家庭，从小就聪明好学，可是命运和她开了一个玩笑，中考时由于漏报了高中志愿的原因，一心想读大学的她于1986年阴差阳错地走进了一所卫生职业学校的大门，面对磨难，她不知道该如何应对，没有了梦想她的意志如花般枯萎，上课睡觉，沉迷于言情小说，既然不能读大学，那就不用再勤奋学习。她更不屑与其他人为伍，她认为肤浅的人们都不配走进她的世界，她孤独地沉浸在自己的世界里整整半年。转眼到了期末考试，在考场上，她突然惊呆了，别人的卷纸面在沙沙作响，而她面对考试卷竟然无从下笔，她焦躁的额头冒汗，突然发现自己现在好像"贫穷"得一无所有，当她的自尊心终于承受不了这种局面准备起身而去的时候，一抬头看到在门口注视着她的班主任老师，老师神态安详地注视着她，突然她想起了老师那句常跟她唠叨的话：不管多坎坷的路，只要选择要走，就要坚定又用心地走下去……

亲爱的同学们，你知道现在小有成就的她当年是如何调整自己的吗？如果你是主人公，你会怎么做？

亲爱的同学们，你知道现在小有成就的她当年是如何调整自己的吗？如果你是主人公，你会怎么做？

小 结

勤学不仅能让我们获取更多的知识，更是我们成才成功的重要条件，而明确的目标、顽强的毅力和做事不拖沓的习惯，都是我们拥有勤学这颗明珠的重要保证。亲爱的同学们，如果你已经在勤学，希望你坚定地走下去，如果你还没有拥有它，那就快快行动吧，带着勤学上路，你的人生就会美丽如画！

> **链接：勤学与苦学、乐学**
>
> 勤奋，是成功的阶梯，只有勤奋学习的人才有可能达到成功的顶峰，苦学是读书时下苦功，如"悬梁刺股"，但是勤学既不等同于死学，也不同于苦学，人们要在不断的勤学中，总结自己的得与失；不断地发现自己的不足，完善自我。如果这样，学习将渐渐地不再是种负担，而自我也将融入学习的乐趣之中，这就是乐学。勤学是一个阶梯，乐学是一把钥匙，只有用好这两样东西，才能最终攀上成功的顶峰。

作业

1. 搜集古今中外的勤学故事，体验他们的勤学过程，分析一下他们的成功因素。

2. 反思自己的学习之路，写一篇"勤学，我拥有这颗珍珠吗"的感悟文章。

3. 开展一次"成功是否需要勤学"的辩论赛。

第九章　诚　　信

信义兄弟

　　2010年,感动中国人物评选中,出现了一对信义兄弟——孙水林和孙东林。兄弟俩是湖北人,哥哥孙水林一直从事建筑工程行业,在年三十之前给工人发工资,这是他对民工的承诺。

　　2010年的2月9日,农历腊月二十六,为了能及时给工人发工资,孙水林从天津孙东林处带着26万元现金匆匆走上返乡的行程。没想到兄弟二人这一别竟然成为永别。由于高速公路路面结冰,在河南境内的高速路上发生了重大车祸,20多辆车连环追尾。除了身在武汉上学的二女儿孙云外、孙水林夫妇和三个孩子在车祸中全部遇难。孙东林看着哥哥一家人遭遇了如此劫难,他强忍悲痛,想起哥哥匆忙赶路的初衷,他决心一定要替哥哥发工钱。在没有账单的情况下,孙东林让工人自己报工钱,腊月二十九的当天下午,26万元现金全部发完了,可是还有一些农民工没有领到工资,总共还有7万多元的缺口,为兑现诺言,孙东林拿出自己6万多元的积蓄,沉浸在丧子之痛的老母亲也拿出了一万元养老钱。到腊月二十九晚上8点,农民工的工资全部兑现。

　　思考: 从孙氏两兄弟身上你受到什么震撼和鼓舞?

　　诚信大于天,诺言比金贵。20年来,孙水林践行着诚信,在他罹难之后,弟弟孙东林继续用实际行动兑现了哥哥当初的承诺,新年不欠旧年薪,今生不欠来生债。孙水林兄弟俩是诚实守信的人,值得我们每一个人敬仰和学习。诚信,是我国传统文化的精华之一,是中华民族的传统美德。儒家伦理道德思想中,把"诚"作为一个最高的道德范畴,《中庸》中说:"诚者,物之始终,不诚无物。""信"是儒家所说的"仁、义、礼、智、信"五德之一,可见,诚信对一个人的重要性,它是做人的根基。但是自改革开放以来,特别是市场经济高度发展的今天,一部分人的道德水准日益下滑,传统的诚信观受到前所未有的冲击和挑战。从人际交往的不守信,到商业经营的弄虚作假,失信对人和社会的危害已经越来越凸显,因此,当代社会,我们呼唤诚信,我们崇尚诚信。

一、什么是诚信

"诚"即诚实、诚恳。

"信"即遵守承诺、讲信用。

"诚信"即待人处事真诚、老实、讲信誉,言必信、行必果,一诺千金。

二、诚信的重要性

(一) 诚信是个人的立身之本

> 一位留学生在欧洲留学,毕业后,他向许多公司投了自己的资料,可都被拒绝了。最后一次,他要求经理给出一个合理的解释。经理说:"先生,我们并不是歧视你,相反,我们很重视你。因此,我们查了你的信用记录,发现你有三次乘公车逃票被处罚的记录。""我不否认这个,但为了这点小事,你们就放弃了一个人才吗?""小事?我们并不认为这是小事,我们注意到,第一次逃票是在你刚来的第一个星期,你说自己还不熟悉自助售票系统,检查人员相信了你的解释,只是给你补票。但在这之后,你又两次出现逃票。""那时刚好我口袋中没有零钱。""不、不,先生。我不同意你这种解释,你在怀疑我的智商。我相信在被查获前,你可能有数百次逃票的经历。""那也罪不至死吧?干吗那么较真?以后改还不行?""此事证明了两点:一是你不尊重规则;二是你不值得信任。我们公司许多工作的进行是必须依靠信任进行的,所以我们没有办法雇佣你。可以确切地说,在这个国家甚至整个欧盟,你都找不到雇佣你的公司,因为没人会冒这个险。"

诚信看似无形,但是却能在人的一生中发挥着极其重要的作用。故事中的留学生虽然有较高的学识,但是因为缺失了诚信,以至于不能就业,不能立足于社会,更谈不上施展自己的才华,实现人生价值也将是一句空谈。子曰:"人而无信,不知其可也。"诚信是道德的根基,缺少诚信,人将无法立足,终将一事无成。

(二) 诚信是企事业单位的立业之本

> 1984年,34岁的张瑞敏入主青岛市电冰箱厂。1985年的一天,一位朋友要买一台冰箱,结果挑了很多台都有毛病,最后勉强拉走一台。朋友走后,张瑞敏派人把库房里的400多台冰箱全部检查了一遍,发现

第九章 诚 信

共有76台存在各种各样的缺陷。多数人提出,便宜点儿处理给职工算了。张瑞敏却宣布,这些冰箱要全部砸掉,谁干的谁来砸,并抢起大锤亲手砸了第一锤!很多职工砸冰箱时流下了眼泪。3年以后,海尔人捧回了我国冰箱行业的第一块国家质量金奖。现在,海尔集团已经成为享誉海内外的大型企业。

自2002年以来,海尔集团连续8年蝉联中国最有价值品牌榜首。从以上海尔集团的奋斗历程中,我们可以看出,诚信是企业的生命之源、生存之本。在一个成功的企业中,诚信是生产经营和商业活动必须恪守的准则。一个讲诚信的企业,其良好的信誉度能够获得公众和社会的信赖,从而给企业带来良好的效益;同时,讲诚信的企业,有助于塑造良好的企业形象,能为其赢得大量的合作伙伴和商业机会,企业才能够生存,并得到更好的发展。

(三) 诚信是一个国家的立国之本

春秋战国时,秦国的商鞅在秦孝公的支持下主持变法。当时为了树立威信,推进改革,商鞅下令在都城南门外立一根三丈长的木头,并当众许下诺言:谁能把这根木头搬到北门,赏金十两。围观的人不相信如此轻而易举的事能得到如此高的赏赐,结果没人肯出手一试。于是,商鞅将赏金提高到五十金。重赏

图9-1 立木取信

之下必有勇夫,终于有人站起将木头扛到了北门。商鞅立即赏了他五十金(图9-1)。商鞅这一举动,在百姓心中树立起了威信,而商鞅接下来的变法就很快在秦国推广开了。新法使秦国渐渐强盛,最终统一了中国。

同样,在商鞅"立木为信"的地方,在2600年以前,却曾发生过一场令人啼笑皆非的"烽火戏诸侯"的闹剧。而闹剧的结果是国破身亡。周幽王有个宠妃叫褒姒,为博取她的一笑,周幽王下令在都城附近20多座烽火台上点起烽火,烽火是边关报警的信号,只有在外敌入侵需召诸侯来救援的时候才能点燃(图9-2)。

图9-2 烽火戏诸侯

结果诸侯们见到烽火,率领兵将们匆匆赶到,这才明白是君王为博宠妃一笑的花招,皆愤然离去。褒姒看到平日威仪赫赫的诸侯们手足无措的样子,终于开心一笑。5年后,外敌大举攻周,幽王烽火再燃而诸侯未到,谁也不愿再上第二次当了,结果幽王被逼自刎,而褒姒也被俘虏。

我们看这两个故事,前者的秦国"立木取信",一诺千金;后者的周幽王"烽火戏诸侯"。结果前者变法成功,国强势壮;后者自取其辱,身死国亡。可见,"诚信"对一个国家的兴衰存亡起着非常重要的作用。诚信立国除了对内不能"欺民"外,还需要对外不能"欺邦",树立诚实守信的国际形象,才能在国际交往中立于不败之地,为国家的长远发展打下良好的基础。

三、如何做到诚信

(一) 真诚踏实

> **俗语**
>
> 诚信,是一股清泉,它将洗去欺诈的肮脏,让世界的每一个角落都流淌着洁净。
>
> ——佚名

做一个诚信的人,首先做人要真诚,脚踏实地,说真话、办实事,杜绝欺骗。作为学生,我们就要以一份真挚的情感对待身边的老师和同学,不说假话,对人友善坦诚,在学习中也要实事求是,"不知为不知",杜绝抄袭、考试作弊等行为,这是既骗人又害己的卑劣做法,没有学到知识,又白白糟蹋了青春好时光。

(二) 勿轻许诺言

小红和小芳是同班同学,两个人情同姐妹,有一次小芳要上英语补习班,可是正赶上要交学费,小芳家里一时拿不出钱来,就向小红借钱,小红不假思索地答应下来。其实小红家里也不富裕,但是说自己没有钱觉得很没有面子,再说小芳是好姐妹,不能不帮她。周末回家小红马上向家里求救,可是正赶上奶奶生病要做手术,父母还在四处借钱。返校回来,小红空手而归,又不好意思和小芳解释原因,小芳以为她答应却又反悔,出尔反尔,渐渐和她疏远,一段美好的友谊葬送在小红手里。

从上述事例中我们可以看出,一个人的精力和能力是有限的,对不应办或办不到的事情,不能轻易许诺,所以要做到诚信就要对自己有一个正确的评价和估计,量力而行,切勿信口雌黄,失信于人。

第九章 诚 信

（三）信守承诺

> **☞ 幸福**
>
> 小莹是一个聪明伶俐、多才多艺的孩子，上了职业学校后，很快就赢得了老师和同学的认可，被推选为班长。可是，很快，他们就发现了班级里有一个不和谐的音符。她叫小月，上学两个月了，从来没有和同学主动说过一句话，性格孤僻又自闭，常常一个人坐在座位上发呆，怎么办？老师找到了小莹，希望小莹能用同学间纯真的友谊打动小月，从而改变她。小莹经过思索答应下来，从此开始了漫长的关爱行动。主动搭话，小月不理；带小月去餐厅，她不去，自己躲在角落里吃泡面；体育活动让她参与，她就蹲在地上不吱声；最让人气愤的一次是大热天，小莹买了一个雪糕，还没等吃，远远的看见小月走过来，小莹连忙把雪糕送过去，可是小月却白了她一眼说：我不用别人可怜！这是她唯一和小莹的一次正式对话。小莹要崩溃了，可是她忘不了和老师许下的诺言，她要帮助小月，她相信精诚所至的道理。经过了一年半的努力，在元旦联欢会上，小月终于走上舞台为大家表演了一个猜谜语节目，这个全场最平庸的节目却赢得了最热烈的掌声，而小莹早已眼睛湿润，她为小月的点滴进步、为同学间真挚的情谊、为自己能克服种种困难守住承诺而感到无比的幸福。

故事中的小莹虽然为了守诺受了很多委屈，吃了很多苦，但也从中体会到了特殊的幸福。许诺是非常慎重的行为，一旦我们对别人许下诺言，就须认真对待，对自己的承诺负责，答应他人的事，

> **俗 语**
>
> 有其言，无其行，君子之耻也。
>
> ——佚名

一定要做到。在平日待人处事时，我们可先从守时开始做起，同他人约定见面，一定要准时赴约。上学或参加各种活动，一定要准时赶到。

（四）过而能改

如果我们在履行诺言过程中情况有变，以至无法兑现自己的诺言，就要向对方如实说明情况并真诚表示歉意，求得对方的谅解；如果有可能还要采取积极的补救措施，这与言而无信是完全不同的两件事。在人生的道路上，每个人都会犯错误，古人云："人非圣贤，孰能无过？"犯错误并不可怕，自己错了要敢于承认，勇于改正，不文过饰非，不嫁祸于人。只要我们能坦诚地面对自己的错

误,并虚心接受批评、积极改正,我们仍然是诚信之人:过而能改,善莫大焉。

> **情境思考**
>
> 　　小明和小刚从小一起长大,一起上学,有一次在上学的路上,小明被人欺负,是小刚挺身而出帮小明解了围,从那以后,两个人亲如兄弟。初中毕业,两人又相约一同来到一所职业学校,有一次小刚在食堂买饭,有一个男生不小心将小刚的餐具撞翻,饭菜撒了小刚一身,更让人不能容忍的是对方并不道歉,而且出言不逊。自小就爱憎分明的小刚哪里受过这种委屈,马上回寝室找小明,并和对方相约周末用武力解决此事。小刚有事,小明哪有不去的道理,他立即答应,并早早地就准备好了打架的工具。可是真的到了周末要出校门前,小明却犹豫了,他想起来每次离家父母挂在嘴上的一句话:儿子,在外千万别惹事。他想起来平时老师的叮咛:用正确方法解决矛盾。可是,他已经答应了小刚,如果不去,那不是失信于最好的朋友,以后还怎么相处,小明左右为难,不知该何去何从……

思考: 1. 如果你是小明,此时你会怎么做?
2. 做一个诚信之人要注意哪些问题?

小 结

　　诚信是中华民族的传统美德之一。诚信就是诚实守信,是个人的立身之本;是企事业单位的立业之本;是一个国家的立国之本。我们首先做人要真诚踏实,不能轻许诺言,如果一旦许诺就要努力兑现,对于由于意外原因造成不能实现诺言,要诚恳解释并积极补救,只要做到这些,我们就是一个讲诚信的好公民。

作 业

1. 搜集当前社会存在的关于食品安全的热点问题,讨论一下由于企业诚信缺失,给个人、社会、国家带来了哪些危害?
2. 就诚信对于人生的意义写一篇文章。

第十章　勤　俭

新旧勤俭观念的冲突

爷爷、奶奶说："吃不穷，穿不穷，算计不到要受穷。"

孙子、孙女说："生活水平日益提高，'能挣会花'才时尚。"

爸爸说："为什么又换新车？原来的车不是好好的吗？"

儿子说："促进消费是对经济发展作贡献。"

妈妈说："勤俭是为了省一块钱而等没有空调的公交车。"

女儿说："浪费了大把的时间不合算。"

思考：大家说的似乎都有道理，你对勤俭是怎样理解的？

《左传·庄公二十四年》中说："俭，德之共也；侈，恶之大也。"可见勤俭自古就是中华民族的美德，纵观人类历史，小到家庭，大到国家，勤俭都是我们持家立国的根本，更是人类创造财富、享受持久幸福生活的重要手段和方式。

生活谚语

勤是金，俭是银，勤俭赛过聚宝盆。

——陕西咸阳

一、如何理解勤俭

（一）勤俭的内涵

"勤"指的是做事尽力，不偷懒。是人们对待生产劳动的态度和品质。"俭"指的是节约、节俭、少花费。是人们对待财物消费的态度和品质。"勤俭"即勤于劳作而生活简朴。在现代社会，勤俭仍属于重要的道德范畴。它要求我们既要积极参加劳动，不怕吃苦；又要科学消费，反对铺张浪费，珍视有限资源。

（二）勤与俭的关系

勤与俭既独立又相辅相成，缺一不可。相传有这么一个民间故事：

从前，在中原的伏牛山下，住着一个叫吴成的农民，他一生勤俭持家，日子过得无忧无虑，十分美满。

相传他临终前，曾把一块写有"勤俭"二字的横匾交给两个儿子，告诫他们要想一辈子不忍饥挨饿，就一定要照这两个字去做。后来，兄弟

65

俩分家时，将匾一锯两半，老大分得了"勤"字，老二分得了"俭"字。老大把"勤"字恭敬地高悬家中，每天"日出而作，日落而息"，年年五谷丰登。然而他的妻子过日子却大手大脚，孩子们常常将馒头吃了两口就扔掉，久而久之，家里没有一点儿余粮。

老二分得半块匾后，把"俭"字当做"神谕"供放中堂，却把"勤"字忘到九霄云外。他疏于农事，又不肯精耕细作，每年收获的粮食就不多。尽管一家几口节衣缩食省吃俭用，但还是难以持久。这一年遇上大旱，老大、老二家中都早已是空空如也。

他俩怨恨之下扯下字匾，将"勤"、"俭"二字踩碎在地。这时候，突然有纸条从窗外飞进屋内，兄弟俩连忙拾起一看，上面写道："只勤不俭，好比端个没底的饭碗总也盛不满！""只俭不勤，坐吃山空，一定要受穷挨饿！"兄弟俩恍然大悟，"勤"、"俭"二字原来不能分家，相辅相成，缺一不可。吸取教训以后，他俩将"勤俭持家"四个字贴在家门，提醒自己告诫妻子儿女，身体力行，此后日子过得一天比一天好。

中国有句谚语："只勤不俭无底洞，只俭不勤水无源。"勤劳致富是人之美德，但是，如果不注重节俭，就是再多的财富也填不满奢侈浪费的"洞穴"；但是一味的节俭，如果不注重勤劳致富，这样的节俭就像无源之水、无本之木一样，什么时候也不能积累更多的财富。人们不仅要勤劳致富，而且还要注重节俭，只有勤劳与节俭相辅相成，才能过上幸福的生活。

二、提倡勤俭观的必要性

人类步入 21 世纪，科技的腾飞推动了生产力的快速发展，也为人类创造积累了前所未有的物质和精神财富，可以说今天的我们正享受着空前的文明成果，生活在这样文明幸福的年代，我们是幸运的。但现在生活中有的人，尤其有的青年学生贪图安逸享乐，甚至肆意挥霍，勤俭美德的丢失正为我们敲响警钟，因为懒惰和浪费无论是对个人，还是对民族都充满着危险。

《周易·否》言："君子以俭德辟难。"我们要想拥有美好的未来，必须要践行勤俭美德。实践"勤俭"美德是每个公民的责任和义务，尤其我们青年学生作为祖国的未来，学习实践"勤俭"美德，更有着重要的现实意义和长远意义。

（一）勤俭是积累财富的重要手段

众所周知，小到家庭，大到社会与国家，无论是个人财富还是公共财富，它们都来源于劳动，劳动不仅创造了人类，更创造了财富。而财富的积累不

第十章 勤 俭

仅仅是勤劳,它也需要节俭,哈萨克族有句谚语说得好:一勺勺积的东西,不要用桶倒出去。只有节俭,才能把财富积累下来,获得更持久的发展。

> **链接:八旬捡破烂老翁捐出10万元积蓄用于救灾**
>
> 盐城一位常年捡破烂的老人,来到盐城市慈善会把自己多年来主要靠捡破烂积蓄下来的10万元捐给慈善会,并再三要求"这笔款子要用于救灾"。就在去捐款的路上,老人还陆续捡了3个他人丢弃的塑料瓶,让人感动。
>
> 老人名叫张忠泉。是盐城市一建公司的退休工人,已经80多岁了,临近退休的时候入了党。退休后,老人常在汽车站一带踏三轮车,卖饮料、苍蝇拍、蚊香盘之类东西,并不停地捡破烂。张忠泉老人说,这10万元中,有一部分是自己的退休工资,还有一部分是他几年间靠捡破烂卖废品得来的。为了积攒这10万元钱,老人没买过衣服,现在身上的衣服、手套、鞋子都是捡来的,吃的也很简单,只要不饿就行。

(二)勤俭是成就幸福人生的一个要素

勤俭是一种生活的习惯,也是人生的一种美德。它有助于磨炼人的意志,形成吃苦耐劳、坚韧不拔的品格。古人曾说过"俭能养志","苦其心志,劳其筋骨"这是成就事业的重要条件,古往今来,许多仁人志士无不拥有勤俭这一美德。

> **链接:房梁挂钱**
>
> 唐宋八大家之一的苏轼21岁中进士,前后共做了40年的官,做官期间他总是注意节俭,常常精打细算过日子。公元1080年,苏轼被降职贬官来到黄州,由于薪俸减少了许多,他穷得过不了日子,后来在朋友的帮助下,弄到一块地,便自己耕种起来。为了不乱花一文钱,他还实行计划开支:先把所有的钱计算出来,然后平均分成12份,每月用一份;每份中又平均分成30小份,每天只用一小份。钱全部分好后,按份挂在房梁上,每天清晨取下一包,作为全天的生活开支。拿到一小份钱后,他还要仔细权衡,能不买的东西坚决不买,只准剩余,不准超支。积攒下来的钱,苏轼把它们存在一个竹筒里,以备意外之需。

老一辈无产阶级革命家毛泽东、周恩来,世界首富比尔·盖茨,他们都是勤俭的典范。作为当代的青年人应该以他们为榜样,养成勤俭的生活习惯,拥有勤俭的美德,尤其在节奏加快、竞争日益激烈的今天,没有勤奋劳动、艰苦奋斗的精神和不畏艰险、努力拼搏的意志,就很难适应竞争日益激烈的社会需要,更何谈享受幸福的生活。现在社会上出现了不务农、不打工、不经商、不学习的青年,务农怕脏、怕累,打工怕受束缚,经商怕辛苦、怕亏本,学习怕枯燥,大家想一想这样人的人生焉能不乏味?他们怎么能成就自己幸福的人生?

(三) 勤俭是国家强盛的需要

历史表明,勤俭是国家强盛的重要保障,反之则会祸国殃民。

夏桀、商纣亡于奢靡无度,荒淫暴虐;唐明皇陶醉于享乐声色,而致安史之乱,使盛唐趋衰。从正面看,新中国建立后,中国共产党带领人民在一穷二白的基础上建设新中国,我们老一辈领导人率先垂范、自力更生、勤俭建国,20世纪60年代,当我们卫星上天、两弹爆炸时,世界为之震惊。进入21世纪,当我们的经济总量跃居世界第二,世界更为之感叹。新中国成立短短的60多年,我们创造的一个又一个奇迹,靠的是什么?勤俭无疑是我们取得胜利的一个法宝。

我们应当清醒地看到,虽然我国目前经济总量稳步增长,物质生活日益丰富,但我国还是发展中国家,人口多,底子薄,人均资源少,发展不平衡……这些现实的困难还将在很长一段时间困扰我们,因此如果想让我们的祖国更加强大,我们就必须发扬勤俭的美德。

> **名言**
> 历览前贤国与家,成由勤俭败由奢。
> ——李商隐《咏史》

"国富则民富,国强则民强。"作为社会人,我们任何一个人都脱离不了家庭、社会和国家,因此,我们必须用勤俭这一道德规范来约束自己的行为,弘扬并传承勤俭这一美德,为国家的富强贡献自己应有的力量。

(四) 勤俭是生态文明建设的需要,也是人类可持续发展的需要

科技的进步推动了生产力的发展,增强了人类改造自然的能力。但为了满足人类的需要,人类向自然索取的速度也接连提速,过分的索取导致了我们生存环境的恶化:1998年长江、黑龙江嫩江流域发生特大洪涝灾害;1999年中华母亲河黄河断流13次,断流持续时间长达226天,最长断流河段超过704公里;西北地区沙尘暴的肆虐;淮河全流域性污染……这些都是

自然给予我们的惩罚和警告。环境的恶化虽然有着诸多复杂的因素,但试想如果每人每天节省一粒米、一滴水、一滴油、一度电……中国13亿人口,世界近70亿人口,一年我们就能积攒下多少财富啊!节省一点就可以少索取一点,地球母亲也可以得到休息和调整,从这个层面说,维护生存环境最简单、最直接的方式就是勤俭。

三、怎样做到勤俭

(一)树立"勤俭节约光荣,奢侈浪费可耻"的思想

胡锦涛同志在"八荣八耻"中论述的"以辛勤劳动为荣,以好逸恶劳为耻;以艰苦奋斗为荣,以骄奢淫逸为耻",其宗旨就是"勤俭"。勤俭既是对中华民族传统美德的传承,也是对每个公民的基本要求。我们要明确勤俭是一种高尚的道德情操和受人尊敬的品质;而懒惰、浪费代表的是卑下的品质和受人唾弃的行为。

(二)科学利用时间和金钱

作为学生,学习是学生的主业,学习主要属于脑力劳动范畴。学生时代的勤俭具体表现是爱劳动、爱学习,能科学合理地利用时间,同时能节省父母给予的每一元钱。"勤"可使你在有限的时间内学到更多的知识;反之就是浪费时间,终将学无所成。"俭"要求金钱被正用而不是滥用,生活中我们要切忌盲目攀比,在吃穿用上浪费金钱,勤俭是我们必须要养成的一种好的人生习惯,这也是我们成长成熟的一个重要标志。

> **链接:《今日歌》**
>
> 今日复今日,今日何其少!今日又不为,此事何时了。人生百年几今日,今日不为真可惜。若言姑待明朝至,明朝又有明朝事。为君聊赋今日诗,努力请从今日始。

(三)勤俭节约从我做起,从小事做起

"一块煤,不算多,千块煤炭堆成坡;一滴油,不算多,点点滴滴汇成河。"不要轻视个人的勤俭,古代先贤的勤俭已名垂青史,全国人民的勤俭会保留难以估量的物质资源。在追求生活质量和品位的今天,我们更应该懂得勤俭应从我做起,从小事做起。

1. 节约一分钱 不算不知道,一算吓一跳。13亿中国人每人每天

节约1分钱,就能节约1300万元,一年节约近50亿元能建5000所希望学校,也能让近千万个失学儿童重返校园(图10-1)。

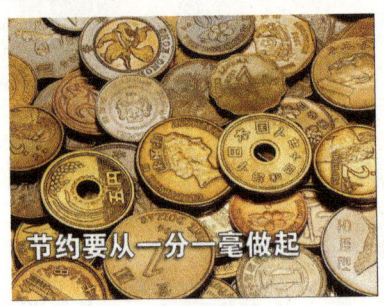

图10-1　节约金钱

图10-2　节约粮食

2. 节约一粒米　13亿人每人一天节约一粒米,一天可以节约26吨米,可够200人吃一年(图10-2)。

3. 节约一滴水　13亿人每人节约一滴水,就会节约45吨水。"滴水"不停地流,可在1个小时内集到3.6千克水,1个月内集到2.6吨水。一吨水大约可供炼钢150千克,发电一千度,生产化肥500千克,织布220米,磨面粉34袋(图10-3)。

图10-3　节约用水

4. 节约一度电　节约1度电就相当于少排放1千克二氧化碳和30克二氧化硫,而二氧化碳能导致温室效应,二氧化硫可引起酸雨。节约一度电能让25W的灯泡亮40小时;普通电扇连续运行15小时;家用电冰箱运转36小时;看10小时电视;空调运行1.5小时;烧开8千克水;洗净50千克衣服(图10-4)。

图10-4　节约用电

图10-5　节约一次性消费品

5. 节约一次性消费品　据介绍，一株生长了 20 年的大树，仅能制成 4000 双筷子，据此计算，13 亿中国人每人少用一双一次性木筷，能节约 13 亿双，可少砍伐 32.5 万棵 20 年的大树，每棵树仅按 4 平方米面积算，就是 130 万平方米，意味着 1950 亩森林免遭砍伐(图 10-5)。据环保部门统计：一户双职工的三口之家，平均每月消耗 50 只一次性杯子、100 个保鲜袋、36 张一次性台布以及 6 卷手纸。一个城市上百万家庭的一次性消费，将使多少森林惨遭砍伐，多少石油被消耗，多少垃圾需要填埋？

　　节约已成为世界性的潮流，正为各国政府和人民所推崇，一些国家正在倡导并实施由消费型社会向节约型社会转型。我们应从科学发展观的高度来认识勤俭节约的重要性，让勤俭节约成为一种新的生活时尚，融入每个人的生活。

情境思考

　　某同学 A 家境贫苦，享受国家"低保"帮助，其班主任得知后，联系校食堂为他提供勤工俭学的机会，想让他自食其力，减轻家庭负担，没想到却遭到了 A 的拒绝。他认为到食堂帮忙为同学打饭是件很没面子的事，会让同学们看不起。此时，同班同学 B 家境富裕，得知此事后，主动找到老师争取了同学 A 放弃的这次机会。他认为虽然自己家庭富裕，但不能总依靠父母，早晚都得自食其力，正好又能借此机会锻炼锻炼自己，可以为同学们服务，不是很好吗？

　　思考：我们该如何评价同学 A 和同学 B 的行为？你怎样看待勤工俭学？

小结

　　勤俭是中华民族的传统美德，属于重要的道德范畴。无论从个人幸福，国家强盛，还是生态的长久文明，勤俭都具有重大的现实意义和长远意义，作为时代青年，我们必须以勤俭为荣，以安逸享乐、奢侈浪费为耻，同时要继承发扬勤俭这一传统美德，践行于学习、工作和生活的每一个细节，只有这样，我们人类才能享受相对恒久的幸福人生。

作业

1. 观察周围的人,看他们有哪些不勤俭的行为?这些行为对生活有什么影响?做一次生活小调查。

2. 搜集勤俭故事,班级开一次"勤俭故事会",树立勤俭的榜样,向榜样学习。

3. 分组讨论,当今所谓的"富二代"实现幸福人生,是否也需要勤俭?

第十一章 宽　容

中国古代,赵国的蔺相如完璧归赵,立了大功,拜为上卿,位在大将军廉颇之上。廉颇自恃功高,很不服气,扬言要羞辱他。蔺相如听到廉颇的话,常常称病不上朝,不跟廉颇争位。有时蔺相如坐车外出,碰见廉颇就赶紧避开。门客以为他胆小怕事。蔺相如说:"秦王那么厉害,我都不怕,难道还怕廉颇?我考虑,强大的秦国之所以不入侵赵国,只是因为有我们两人在。如今二虎相斗,必有一伤,势必削弱抵御外敌的力量。我之所以躲避廉将军,是先国家之急而后私仇啊!"这话传到廉颇耳中,廉颇很觉惭愧,便袒衣露体,负荆登门请罪,说:"我粗野低贱,志量浅狭,开罪于相国,相国能如此宽容,我死不足以赎罪。"蔺相如把荆条扔在地上,急忙用双手扶起廉颇,给他穿好衣服,拉着他的手请他坐下。蔺相如和廉颇从此成了很要好的朋友。这两个人一文一武,同心协力为国家办事,秦国因此更不敢欺侮赵国了(图11-1)。

图11-1　负荆请罪

思考:为什么将相最后重归于好,成了生死之交?

一、宽容的含义

宽容就是宽大有气量,不计较或不追究,能容忍别人。引申为:做人要豁达、大度、胸襟宽阔、虚怀若谷,海纳百川一样包容一切。

二、宽容的意义

(一)客观现实需要我们有一颗宽容的心

世界本身就是不完美的,每个人自身无论是学识、能力水平,还是对事物的认知评价也都是有缺陷的。正如一句俗语所说:"金无足赤,人无完人。"在这样的情况下,具有一颗宽容的心就显得尤为重要。因为宽容不仅让我们能适应社会,同时宽容别人也就是宽容自己,而一味地求全责备会让我们的生活缺少阳光,并且会影响我们对人或对事物的正确认知,使我们的心胸更加狭窄。

（二）宽容能提高我们的道德修养

在日常生活和工作中，我们常常会遇到各种各样的人或事，我们以什么样的心态去面对，主要取决于我们的道德修养程度。以宽容的态度去看待人和事，能使我们的心胸更加开阔，使我们的人格更加高尚。遇事常持宽容心，我们的道德修养将不断提高。

（三）宽容能给他人带来积极的力量

> 相传古代有位老禅师，一日晚在禅院里散步，突见墙角边有一张椅子，他一看便知是有出家人违犯寺规越墙出去溜达了。老禅师也不声张，走到墙边，移开椅子，就地而蹲。少顷，果真有一小和尚翻墙，黑暗中踩着老禅师的背脊跳进了院子。当他双脚着地时，才发觉刚才踏的不是椅子，而是自己的师傅。小和尚顿时惊慌失措，张口结舌。但出乎小和尚意料的是，师傅并没有厉声责备他，只是以平静的语调说："夜深天凉，快去多穿一件衣服。"小和尚仓皇离去，这以后一段日子里，他惶恐地等待着师傅的发落，但师傅没有再提及这件事。小和尚受到启示，刻苦修炼，成为寺院的佼佼者。

名言

有时宽容所引起的道德震撼远比惩罚更强烈。
——苏霍姆林斯基

宽容是一种无声的教育，它给了对方一个思考的空间，往往更能引起心灵的震撼，宽容能让对方重新审视自己的行为，发现自己的缺点，从而激发出个人的潜能，给人生带来积极的力量。

（四）宽容能让我们的生活更加美满和谐

> **链接：幸福婚姻的秘诀**
>
> 一位老妈妈在她50周年金婚纪念日那天，向来宾道出了她保持婚姻幸福的秘诀。她说："从我结婚那天起，我就准备列出丈夫的10条缺点，为了我们婚姻的幸福，我向自己承诺，每当他犯了这10条错误中的任何一条的时候，我都愿意原谅他。"有人问，那10条缺点到底是什么呢？她回答说："老实告诉你们吧，50年来，我始终没有把这10条缺点具体地列出来。每当我丈夫做错了事，让我气得直跳脚的时候，我马上提醒自己：算他运气好吧，他犯的是我可以原谅的那10条错误。"

在现实生活中,产生一点误会和矛盾在所难免。如果我们懂得去宽容别人,那么生活中的许多纠葛、矛盾和不快都将被宽容的风吹得烟消云散。俗语说:"忍一时风平浪静,退一步海阔天空。"宽容不仅让我们的生活少了计较,少了烦恼,同时,它也会让我们身边的人多了一份轻松和快乐,从而营造出和谐幸福的生活氛围。

> **名言**
> 宽容就像天上的细雨滋润着大地。它赐福于宽容的人,也赐福于被宽容的人。
> ——莎士比亚

三、如何做到宽容

(一)容人

1. **容人之短** 是指宽容别人的缺点和不足。做到容人之短,最重要的是"毋以己长而形人之短",即不要用自己的长处和别人的短处相比,而是要善于发现他人的长处,容纳他人的不足。

2. **容人之过** 古语云:"人非圣贤,孰能无过。"每个人都有可能犯错,因此面对别人的过错,我们不应过多地去指责,而是应该学会换位思考,将心比心地来理解和宽容别人。

3. **容人之长** 如何容人之长?面对别人的长处,我们应该持欣赏的态度,并且借鉴学习他人的长处,来充实提高自己。同时,尽可能地为之创造施展机会,人尽其才。不能容人之长,就会产生嫉妒、怨恨,进而导致悲剧的结果,《三国演义》中的周瑜就是一个典型的例子。

(二)容事

宽容,还要能容事。当我们遇到不公平待遇或遭到别人的误解时,我们要善于分析,学会换位思考,设身处地理解,并以积极的心态去实践。

> **链接:竞选**
> 新学期开学,班级要重新选举班长,小强品学兼优、能力强,是最有竞争实力的。竞选定在了第二周的周一班会进行。可是班会已经开始了,小强却迟迟没有在班级出现,最后在激烈的竞争中,小强的同桌小刚脱颖而出竞选成功,荣任班长一职,而小强因为无故缺席的原因被取消竞选资格,当他满头大汗地跑回教室时,竞选已经结束。同学们纷纷埋怨他,小强有点遗憾,他也不想迟到。原来是下实验课,小强和小刚并肩往教室跑,可是半路小刚一摸衣兜发现钱包

不见了，他不知道是自己跑丢了，还是落在了实验室里，可是竞选班长心切的小刚没顾得上钱包就跑回了教室，而小强却半路又折了回去，为他顺着路寻找，一直找到实验楼，终于在一个角落里找到了钱包。可是他却错失了心仪已久的班长一职，错过了一次重要的竞争机会。

相信在生活中会有很多这样遗憾的事和看似不公的境遇，但当事情已经发生，而且又无力改变时，我们最好的选择就是改变自己的心态，让心中沐浴一束宽容的阳光，然后放下包袱，轻装上阵，从头再来。

（三）容言

图 11-2　争吵

宽容，要能容人言。其一是善于听取不同意见，一个人智慧有限，集思广益方能形成高见。其二是能听进别人对自己批评的言语。当我们面对别人的批评时，应该客观的听取，冷静的分析，接受别人对自己的批评，不能一听到别人说自己的缺点就反感、排斥（图11-2）。如果别人的话是正确的，我们就要改正，如果批评的不正确，也要做到无则加勉。其三是面对褒奖之言，应清醒分析，要多考虑自己的不足之处，不能忘乎所以，才不至于在褒奖声中跌落下来。应力求做到闻过则喜、闻过则思、闻过则改。

四、宽容应注意什么

宽容应有度。宽容绝不是一味的宽大和容忍，而应该有度，过度的宽容就是纵容。宽容不能突破道德法规底线，对别人主观性的、反复的、不知悔改的错误行为，我们是不能宽容的，这个时候宽容就等于纵容。

小A是一名中专生，平时对自己要求不严，经常违反学校的规章制度，每次犯错误的时候都向老师保证下次不会再犯同样的错误，但不长时间后就会再次犯相同的错误。

小B是一名学生，一次因与同学发生口角，被同学打伤后，拿刀到对方寝室去理论，将对方同学扎成重伤。

思考：我们应不应该对小A小B宽容而不处理？

第十一章 宽容

☞ 情境思考

一时尚女子驾一辆宝马路过一个自行车修理摊，刮倒了一辆待修的自行车。女子停车要求修车师傅赔偿其损失，并对修车师傅百般辱骂。修车师傅据理力争，时尚女子在推搡修车师傅时衣服被弄脏。时尚女子放言必须先拿3000元出来赔自己的衣服。有过路者出面调解。修车师傅也忍气吞声地向时尚女子道歉，并且表示愿意为她清洗衣服。可时尚女子并不罢休，继续辱骂修车师傅和上前调解的过路者，同时掏出了她的手机开始向其父母求援。她的父亲来到现场后，并没有对事情原委做任何的了解，便直接抄起了打气筒朝修车师傅头部猛砸数下。其母则站在一旁破口大骂那些为修车师傅说话的路人和围观者。时尚女子父母打累了，骂累了，其父对修车师傅说："一刻钟之内，老子要是看不到3000块钱，以后你就别在这里混了，你这条贱命值几个钱，做了你，省得老子看了你堵心……"修车师傅挣扎着从地上爬起来，吐了几口血唾沫，艰难地说："你等一下，我这就去拿。"约十来分钟，修车师傅返回了事发现场，来到时尚女子父亲面前，修车师傅猛地抽出怀中的西瓜刀刺向了对方的心脏，然后在同一部位又补了两刀，其父没有发出任何声响便栽倒在地。紧接着，修车师傅两三步跨到其母跟前，转瞬之间连捅三刀。杀红了眼的修车师傅并没有放过宝马车里时尚女子，像拎小鸡般地将她提出车外，连捅数刀……

三条人命，仅仅起因于一件微不足道的事情。是凶手残忍过度，还是逝者罪有应得，目击者众说纷纭。

讨论

为什么一件小事会演变成惨剧？

☞ 链接：楹联中的哲学

四川峨嵋山灵岩寺弥勒佛殿前两侧，有副令人回味无穷的联句：

开口便笑，笑古笑今，凡事付之一笑，

大肚能容，容天容地，与己何所不容。

此联蕴涵着人生哲理，告诉世人要达观豁朗，淡泊名利，与人为善，团结和谐。宽容，当需要有博大的心胸。有了宽容的胸怀，才有容天容地、容江海的崇高和博大，才有来自心底的真挚笑容。

小 结

　　宽容别人,其实就是宽容我们自己。我们要以一颗宽容的心,去对待可容之言、可容之事、可容之人。宽容会使我们的道德修养更加完美,使他人获得积极的力量,也能让我们的生活更加美满和谐。能宽容别人是一种境界,被别人宽容是一种幸福。人的一生,没有什么是不可以宽容、原谅的,让我们在生活中学会宽容。

作 业

1. 开一次以"学会宽容"为题目的班会。
2. 反思自己在平时的学习和生活中是否做到了宽容,拟订一份自己的宽容行为准则。

第十二章　智　慧

苍茫宇宙,大千世界,矛盾存在于一切事物的发展过程中,如何运用我们的智慧客观而理性地认识世界,改变世界,拥有一个璀璨的人生? 现在的你可能是宇宙中平凡的一颗星,打开下面的"智囊",点燃你的智慧之灯,你就会拥有一个不一样的人生!

> **名言**
> 心之需要智慧甚于身体之需要饮食。
> ——阿卜·日

一、智慧无处不在

(一) 思维上的智慧

链接:"三季人"的故事

有一天,孔子的一个学生正在门外扫地,忽然走过来一个浑身绿装的人,他便好奇地看去,只见那人冲着自己就过来了,刚一靠近就问他:"你是孔子的弟子吧?"他回答道:"是呀,你有什么事?"那人接着说:"请问一年有几个季节?"孔子的弟子莫名其妙地看了一下那人,说:"当然是四个季节了。"那人很不理解地反问:"明明是三个季节,你怎么能说是四个呢?"于是两个人就为此争论了起来……争来争去,也没争出个什么结果,那人就提议,谁说错了就给对方磕三个响头,二人便一起去找孔子理论。见到了孔子,那人非常诚恳地和孔子说:"就是这么个事,您是老师,您给评个理,到底一年有四个季节还是三个季节?"孔子看了一下那人,转过身对弟子说:"一年确实是三个季节。"那人马上就开始跟孔子弟子理论:"我说一年只有三个季节吧,让你不信,现在好了,赶紧给我磕三个响头吧。"孔子的弟子看了看老师,无奈地给那人磕了三个响头……见孔子弟子磕完头,那人也就开心地走了。孔子的弟子见那人走了,便回身问师傅:"一年明明是四个季节,老师您怎么也说是三个呢?"孔子笑了笑,对其弟子讲:"你没看到那人,浑身是绿色吗? 其实他是一只蚂蚱,春天生,秋天死,根本活不到冬天,你说他怎么能知道一年当中除了他所经历的三季外,还有一个冬季呢? 你跟他又能争论出个什么结果呢?"孔子弟子顿时有所悟!

我们每个人在这个世界上都是独一无二的,正因为我们每个人都有着各自的不同,又各自都习惯于坚持自己的看法,所以就在所难免地会遇见或扮演"三季人"!"三季人"的狭隘就在于他认识不到自身的局限性,孔子的智慧究竟体现在哪?体现在孔子在看待问题和处理问题的思维方式和思维角度上,能够认识到人和事物本身所具有的局限性,从而灵活地处理问题。

(二) 做人的智慧

> **链接：一次简单的握手**
>
> 图 12-1 简单的握手
>
> 这是一个圣诞节的前夜,珠宝店快打烊的时候,来了一个30多岁的男子,穿着一套起皱的西装,领带也没有系。他在珠宝店里转悠,却是一副心不在焉的样子。终于,他的目光定格在一条镶有七颗钻石的手链上:"小姐,请把这手链拿给我看一看。"姑娘迟疑了一下,还是按他的请求拿出了手链,递给他。"多少钱?"他懒洋洋地问。"12万美元,先生。"她说。"太贵了吧。"说完他把手链还给了姑娘,忙着往外走。姑娘小心翼翼地将手链放回原处,她分明看见手链上的钻石只剩下了六颗。她紧走了几步,在珠宝店门口追上了男子,伸出右手微笑着说:"先生,祝您圣诞快乐!"
>
> 男子稍微迟疑了一下,也伸出了右手,握住了她的手,笑着说:"谢谢!"说完,转身走出门外。姑娘感觉右手心多了个硬硬的小东西,她知道这就是那颗钻石(图12-1)。
>
> 十年后的一个圣诞前夜,还是在这家珠宝店里,一位40多岁的富商握住了珠宝店女老板的手:"谢谢你,是你给了我自尊,给了我生存的智慧!"这位富商就是十年前的那个男子。珠宝店女老板,就是当年的姑娘。
>
> 思考:如果当时这个珠宝店的姑娘不这么做,会有什么样的结果?

无论是什么人,都会从这位姑娘的身上感受到智慧之美散发的魅力。其实智慧除了是一种超强思维能力之外,还是一种来自人心灵深处真善美的力量。这位姑娘的智慧之处体现在:她发现丢了一颗钻石后,微笑着向那个男子伸出了手,"伸手"体现出了姑娘对人的信任,她相信对方会归还钻石;"微笑"体现了姑娘的善良和真诚,她想用她的道德力量去打动对方,征服对方;祝对方"圣诞快乐",既是对那位男子的美好祝福,同时也隐含着自由和心灵的快乐对人生的重要性。那位男子同样是智慧的,他在姑娘道德力量的感召下,能够知错就改,迷途知返,所以最后这位智慧的姑娘不仅挽救并成就了别人,给了别人生存的空间和力量,同时也成就了自己。所以在做人方面,什么是智慧?那就是我们每个人都要相信并追求真善美,并以一颗真善美的心去看待和处理问题,这种道德的力量能让智慧焕发出更耀眼的光芒。

(三)做事的智慧

> **链接:一根鱼竿与一篓鱼**
>
> 从前,有两个饥饿的人得到了一位长者的恩赐:一根鱼竿和一篓鲜活硕大的鱼。其中,一个人要了一篓鱼,另一个人要了一根鱼竿,于是他们分道扬镳了。得到鱼的人原地就用干柴搭起篝火煮起了鱼,他狼吞虎咽,还没有品出鲜鱼的肉香,转瞬间,连鱼带汤就被他吃了个精光,不久,他便饿死在空空的鱼篓旁。另一个人则提着鱼竿继续忍饥挨饿,一步步艰难地向海边走去,可当他已经看到不远处那片蔚蓝色的海洋时,他浑身的最后一点力气也使完了,他也只能眼巴巴地带着无尽的遗憾撒手人间。
>
> 又有两个饥饿的人,他们同样得到了长者恩赐的一根鱼竿和一篓鱼。只是他们并没有各奔东西,而是商定共同去找寻大海。他俩每次只煮一条鱼,他们经过遥远的跋涉,来到了海边,从此,两人开始了捕鱼为生的日子。几年后,他们盖起了房子,有了各自的家庭、子女,有了自己建造的渔船,过上了幸福安康的生活。

故事给了我们这样的启示:在做事的时候,一个人只顾眼前的利益,得到的终将是短暂的欢愉;一个人目标高远,但也要面对现实的生活。智者能把理想和现实有机结合起来,才能够生存发展,并有可能成为一个成功之人。

思考:现在有一种观点:先就业,再择业,最后再创业,我们该如何理解?

（四）创业中的智慧

链接：百万身价的人

两个青年人一同开山，一个把石块砸成石子运到路边，卖给建房的人；一个直接把石块运到码头，卖给杭州的花鸟商人。因为这儿的石头是奇形怪状的，他认为卖重量不如卖造型（图12-2）。3年后，他成了村里第一个盖瓦房的人。后来不许开山只许种树，于是这儿成了果园。每到秋天，漫山遍野的鸭梨招来八方客商，他们把堆积如山的梨子成筐成筐地运往北京和上海，然后再发到韩国和日本。因为这儿的梨，汁浓肉厚，口味纯正无比。

图12-2 造型奇特的石头

就在村里的人为鸭梨带来的小康日子欢呼雀跃时，曾经因为卖石头而第一个盖瓦房的那个人，卖掉了他的果树，开山种柳。因为他发现，来这儿的客商不愁挑不到好梨子，只愁买不到盛梨子的筐。5年后，他成了村里第一个在城里买房的人。再后来，一条铁路从这儿贯穿南北，这儿的人可以北到北京，南抵九龙。小村对外开放，果农也由单一的卖水果开始转而谈论果品加工及市场开发。就在一些人开始集资办厂的时候，这个人又在他的地头砌了一堵3米高百米长的墙。这堵墙面向铁路，北依翠柳，两旁是一望无际的万亩梨田。坐火车经过这的人，在欣赏盛开的梨花时，会突然看到4个大字：可口可乐。据说这是五百里山川中唯一的一个广告，这堵墙的主人凭这堵墙，每年有4万元的额外收入。20世纪90年代末，一位外国富商来华考察，当他坐火车经过这个小山村时，听到这个故事，他被这个年轻人早见的商业头脑所震惊，当即决定寻找这个人，并以百万年薪聘请他。

身价有价，智慧无价。这个主人公的智慧体现在：①他能发现商机。②他能正确思考。③他能勇于实践。④他不满足现状，具有创新意识。⑤始终以一个发展的眼光看待问题和处理问题。

在创业中我们需要这样的智慧，它能让我们占尽先机，拥抱成功。

第十二章 智 慧

> **链接：动物的智慧**
>
> 他是一个徒步的旅行者，有一天，漫步在深山丛林中。突然有一块森林着了火，在火势蔓延的草丛中，他发现有一团团黑色的物体从劈劈啪啪火中滚出，仔细一看，原来那一团团的黑色物体，竟然是一团团蚂蚁，那一团团蚂蚁越滚越小，外面一层的蚂蚁在火焰的吞噬下，一只只被烧死，一层层被剥落，可里面的蚂蚁在外层的保护下，得以幸存。他被这一幕情景惊呆了，蚂蚁为了保存它们的种群，需要有何等的智慧和何等的牺牲精神啊！

二、什么是智慧

"智"本义指聪明（形容词），引申指智慧、见识（名词）。

"慧"本义指机敏，思考正确而迅速，引申指狡黠。

"智慧"就是对事物能迅速、灵活、正确地理解和解决的能力，也是一种来自人心灵深处的真善美的力量。

三、智慧对我们有多重要

智慧能拓展我们的思维空间，让我们更灵活而准确地分析问题、处理问题，进而指导我们成功做人，正确做事，让我们的人生少一些磨难，多一份从容、精彩和快乐！

> **圣经箴言**
>
> 在智慧身旁，世上所有的黄金不过是一捧沙子，白银不过是一堆黏土，我珍视智慧甚于健康和美貌。

四、如何增长智慧、拥有智慧

（一）学习和思考

图 12-3 学习和思考

小丽的同学关系非常紧张，班级所有的同学都不愿和她在一起，形单影只让她痛苦不堪。痛定思痛，她要改变现状，于是她开始观察班级里最受欢迎的"小辣椒"，"不看不知道，一看吓一跳"！她发现"小辣椒"和自己的区别太大了，首先她发现"小辣椒"每天都面带微笑，看了让人心里暖暖的,不像自己总是绷着脸,皱着眉,好像总有烦心事似的;然后她发现"小辣椒"和人说话时总是收着下颌,显得很专注很有礼貌,不像自己抬高下巴扬着脸;还有"小辣椒"能坚持正义,关键时敢说敢做,并因此而得名,不像自己总把心灵包裹得严严的,一副对什么都漠不关心的样子。发现了差距,聪明的小丽马上开始行动,她开始以"小辣椒"为榜样改变自己,脸上多了笑容,话语多了真诚,心里装下了同学和集体,很快小丽就成功地跨过了人际交往障碍,并收获了真挚的友谊。

小丽的痛苦经历相信处于青春期的学生很多人都经历过,如何能与人融洽相处,让我们的青春时光充满快乐,自由飞翔?小丽通过思考发现了自己的不足,并通过学习和实践成功摆脱了困境从而增长了智慧。智慧不是与生俱来的,它是人后天勤动脑并勇于实践的结果,只要我们懂得学习和思考,并坚持实践和探索,就会不断地增长智慧。

(二)善于捕捉,用心体会

能用心发现一些生活很平常的事情中所蕴涵的深刻道理也是一种智慧。牛顿在苹果树下时,树上的苹果掉下来砸在他的头上,使他顿悟到万物之间应该有一种力。他在总结前人实验的基础上,发现了万有引力定律,所以牛顿善于观察和丰富的想象力使他拥有了很高的智慧。生活中,很多事物都闪耀着智慧的灵光,受人欢迎的同学,受人尊重的老师,团结进取的班级,和谐发展的校园,只要我们用心体会就会发现,到处都有智慧的影子,当你看到它时,一定要用心去抓住它,并让它在自己的生命中焕发出异样的光彩。

(三)积累经验和教训

A、B、C是三个形影不离的好朋友,其中以B最心直口快,说话从来都不经心,有时她把A说的话传给了C,又把C无意中说的话传给了A。女孩的心思总是很敏感,再加上B的口无遮拦,虽然她是无心之举,但还是惹出了一场麻烦。当有一天A和C怒气冲冲地找她当面对质究竟是谁在背后说闲话的时候,B哑口无言,最后A和C同时因为B不主持正义而谴责B,一段友谊葬送在B的手里。这件事给了B一个很沉重的打击,朋友的背离、同学的鄙视让她很长一段时间抬不起头,她不知道该如何处理这种局面,但她已经很清醒地意识到,在以后的人生道路上慎言的重要性。

俗话说：吃一堑,长一智。经验和教训对一个人的心智成熟起着不可忽视的作用,学习经验能让我们增长智慧,用心总结失败的教训更能让我们变得睿智,人生之路少一些曲折,多一份顺畅。

（四）增加道德修养

一代名相狄仁杰就是一个拥有大智慧的人。在朝廷险恶的争斗中,他不仅能独善其身,保全自己,又能实现兼济天下的理想。他的智慧不仅体现在他断案如神,摘奸除恶上,更体现在他道德的力量上,他秉着一颗爱国爱民的仁爱之心,在官位上鞠躬尽瘁,为国、为民做实事,而又保持着人格的操守。史上评价他说："为官,则爱民如子,不惧权要；为臣,则忠贞不二,老成谋国；为人,则诚实友善,刚正不阿。"正是狄仁杰这种大品格成就了他的大智慧,从而青史留名。

> **链接：古代基本伦理道德之"智"**
>
> 我国有5000多年文明史,与之相应的是源远流长、博大精深的道德传统。"仁、义、礼、智、信"是中国古代儒家归纳的五个最基本的伦理道德范畴,称为"五常"。儒家把"智"列为"五常"之一,认为追求知识,增长聪明智慧,也是人生的一个重要的价值取向,体现了对于知识和智慧的尊重。人类不断通过实践,认识世界,认识自我,探究万物,掌握规律,创造文明,积累起越来越丰富的知识。这些知识代代相传,不断发展,犹如漫漫长夜里永不熄灭的明灯,照耀着人生之正途,指引着通往真理的方向。掌握知识并善于思考的人就可能成为"智者"。"智者"不仅知识丰富,而且聪明智慧,所以孔子说："智者不惑。"具有完善理想人格的君子,不仅应当是"仁者",而且也应当是"智者"。

人活在这个世界上,命运是各不相同的,有的人实现了心中的梦想,有的人却一生平庸,想要拥抱成功需要我们有一颗智慧的心。拥有智慧会让我们的校园更美好,人生更精彩；没有智慧的人生无疑会是荒芜的人生。

中职生成长导读——道德篇

☞ 链接：聪明与智慧的区别

聪明是一种生存能力的体现，而智慧更是一种生存境界的体现，不吃亏的人是聪明人，能吃亏的是智者；聪明人总把自己闪光的一面表现出来，也就是脱颖而出，而智者是让别人把闪光的一面表现出来，聪明人注重细节，智者注重整体；聪明人渴望改变别人，让别人顺从自己的意志，而智者多能顺其自然；聪明多数是天生的，得益于遗传，而智慧更多是靠修炼，知识越多越聪明，文化越多越智慧。

☞ 情境思考

两位禅者走在一条泥泞的道路上。走到一处浅滩时，看到一位美丽的少女在那里踟蹰不前。由于她穿着丝绸的罗裙，使她无法跨步走过浅滩。"来吧，小姑娘，我背你过去！"师父说罢，把少女背了起来。过了浅滩，他把小姑娘放下，然后和徒弟继续前行。徒弟跟着师父后面，一路上心里不悦，但他默不作声。晚上，住到寺院里后，他忍不住了，对师父说："我们出家人要守戒律，不能亲近女色，你今天为什么要背那个女人过河呢？"

亲爱的同学们，你知道这位师父是怎么回答的吗？你如何认识这个问题，如果是你，你要怎么做？开启你智慧的天窗吧，你一定会是下一个智慧故事的主角！

小结

勤动脑，多思考，善于捕捉和积累，增加道德修养，能让我们拥有智慧，而智慧能让我们成功做人，正确做事，让我们的人生更从容和快乐。这个世界上没有任何东西能阻止我们追逐梦想和享受快乐，如果有，就是缺少智慧的自己。

作业

1. 搜集你身边同学在处理矛盾时，智慧与不智慧的行为区别以及出现的不同结果，开一次智慧人生的讨论会。
2. 选出一个你身边比较智慧的人并以他为榜样不断学习。

第十三章　谦　　让

六尺巷的故事

清朝康熙年间，安徽桐城县发生了一件当朝宰相张英与桐城名医叶天士家为了墙基争地界打官司的奇闻。张英家要盖房子，地界紧靠叶家。叶天士提出要张家留出中间一条路以便出入。但张家管家提出，我家的地契上写明"至叶姓墙"，现按地契打墙有什么不对，即使要留条路，也应

图 13-1　六尺巷

该两家都后退几尺才行。张家就沿着叶家墙根砌起了新墙。叶府一纸状文告到了县衙，打起了官司。一个名医与当朝宰相打官司，而且理由也不十分充分，亲朋好友都为叶家担心。张家管家一看事情闹大了，就连忙写了封信，把这事禀告了京城里的张英。不久，张家就接到了张英的回信。信中只有四句诗："一纸书来只为墙，让他三尺又何妨。长城万里今犹在，不见当年秦始皇。"管家看了这首诗，明白了主人的意思，第二天早上就动手拆墙，后退了三尺，并去给叶家道了歉。叶家不解，管家便把诗给他看了，叶天士大受感动，也把自家的墙拆了，退了三尺，张、叶两家之间就形成了一条百来米长六尺宽的巷子，被称为"六尺巷"（图13-1）。据说，这里成了桐城县一处历史名胜，一直保存下来。

思考：宰相张英的做法给了我们哪些启示？

> **俗 语**
> 谦让不是软弱的表现，而是胸怀的象征。

中国是礼仪之邦，自古以来，谦让就是中华民族的传统美德之一。5000年的历史长河中，在道德上因为谦让值得推崇的历史人物层出不穷，比如"四岁让梨"的孔融，西汉互让丞相之位的周勃、陈平，这些人物的故事世世代代教育着华夏大地的子孙们。

一、谦让的含义

"谦"乃谦虚,谦恭。

"让"乃礼让,退让,忍让。

"谦让"即是谦虚地礼让或者退让之意。

在当今社会中,谦让不仅仅是一种美德,更是现代人必备的重要素质,在促进社会和谐与进步中,谦让更具有深远的意义。

二、为什么要谦让

(一)谦让能给我们带来心灵的快乐

链接:兔子的胡萝卜

兔子极其珍爱一个胡萝卜,但孤独的雪人因为没有鼻子而无法"呼吸",于是兔子就把胡萝卜送给了雪人当鼻子。雪人珍惜胡萝卜,并因它而感觉幸福,但他看到饥寒交迫的鸟儿时,他把胡萝卜鼻子送给了鸟儿当做过冬的食物。春天到来的时候,雪人融化在泥土里。鸟把吃剩下的半截胡萝卜鼻子种在雪人站过的地方。兔子回来的时候,赶来照看胡萝卜苗的鸟告诉他,这是雪人托他照看的胡萝卜苗,并且,它属于兔子(图13-2,图13-3)。

图13-2 兔子　　图13-3 雪人和胡萝卜

淡淡却又真挚的故事中,兔子、雪人、鸟儿由胡萝卜巧妙地贯穿成一个圈。所有的人物都把自己喜爱的东西谦让给了其他需要的人,并且不计回报。后来竟然意外地得到了回报,这也许就是"舍得"的深意吧。这种含有付出之意的谦让,是一种发自内心的情感,是看到别人快乐而自身同时也能感受到快乐的高境界,同时它也会让我们赢得友谊获得尊重,而这些都将是我们快乐的源泉。

（二）谦让能给我们拓展更大的空间

> **链接：朋友**
>
> 小雪和小娜是一对形影不离的好朋友，一起上的初中，又一起来到一所职业学校，她们同样声音甜美，聪明好学，在校园里就像一对美丽芬芳的姊妹花。学校庆"十一"文艺演出要选拔晚会主持人，她们不相上下，出色的表现同样让评委老师难以取舍，同样渴望舞台，又同样不想伤害友谊，她们都沉默着度过了一个不眠之夜……第二天，小雪红着眼睛对小娜说："我感冒了，看眼睛都烧得发红了，嗓子也疼得厉害，晚会你当主持吧！但是千万要加油，别让我失望！"小娜心情复杂地点点头。在老师的指导下，小娜最终成功地主持了晚会，并很快成了校园里一颗熠熠生辉的主持之星。小雪呢，在演出时仅仅为了救场而出演了一个伴舞节目，但小雪是快乐的，没有人知道她为什么错失了良机还依旧笑对一切，只有她自己知道，世界上还有比机会更重要的东西。而且就是这一次并不成功的伴舞，让小雪从此喜欢上了舞蹈，她发现用舞蹈诠释世界和人生更让她着迷，后来经过刻苦努力，她成了校园里和小娜同样闪亮的舞蹈之星。

什么是机会？看似简单的问题却蕴涵了很深的哲理。故事中小雪因为谦让放弃了渴望的机会，但是当她打开人生收获的背囊时，她就会发现在放弃机会，成就别人梦想的同时，不但是在给自己机会，而且也成就了自己的人生，这就是谦让的魅力。

（三）谦让能形成良好的秩序，让社会更加和谐稳定

> **链接：永远的伤痛**
>
> 下晚自习了，小红和小丽快步地奔向开水房，水房内拥挤不堪，小红好不容易挤进了人群抢占了一个水龙头，刚想接水，可是她的水壶却被别人挪开了，一个声音冲进她的耳朵："还有个先来后到没？我先来的，你靠边。"小红很生气，明明是自己先占了水龙头，所以

她毫不客气地把自己水壶又挪过去，开始接水，对方也不示弱，小红的水壶再一次被挪开，在争夺中，意外出现了，水壶被碰倒，滚烫的热水洒在了小红的手臂上，小红尖叫了一声，看着好朋友被烫伤，小丽冲动地过来抓住了和小红争执的学生大打出手，水房内顿时乱成一片。后来老师赶到把小红送进了医院，可是手臂上却永远留下了伤疤，小丽也因为打架被学校处理，这件事让小红在人生路上摔了一个大跟头，其实带给小红的伤痛不仅仅是手臂上的，更会是她心里永远的伤痛。

如果我们都拥有一颗谦让之心，你就会看到这种的场面：没有拥挤、没有吵闹、没有争执，社会的每个角落都秩序井然，同时人们都会笑容满面。大凡世间万事，无不是"争则不足，让则有余"。邻里之间，同学之间，路人之间，即使"有理"，让一让也会海阔天空，春风拂面……人和人之间有了谦让，就会建立一种尊重、理解和信任，人与人之间有了这种情感依托，我们赖以生存的社会就会是一种和谐、稳定的局面。

三、如何才能学会谦让

（一）在思想上，要学会换位思考

你想受到什么样的待遇，别人可能同样想受到这样的待遇，那你就如别人期望般地对待他。看到年龄小的，想想他们是需要照顾的；看到年龄比自己大的，想想他们是自己应该尊重的；看到渴望得到的，想想他可能比我更需要，学会换位思考你就会拨开层层迷雾，让心灵感受到明媚阳光。

（二）在言语上，要做到礼貌谦恭

注意使用礼貌用语及讲究说话的语气和语调。不能得理不饶人，更不能无理辩三分。现在，我国提倡的礼貌用语有："您先请"、"没关系"、"不要紧"、"不客气"、"请指教"、"打扰"等。牢牢地记住并应用这些词语，说话的语气语调真诚，不做作，你就会慢慢地变成一位礼貌谦恭的绅士。

（三）在行为上，要做到勤学真做

谦让的人很多，谦让的事很多，谦让的精神无所不在，只要我们用心，就一定能够学会。然而，学会不是目的，把谦让转化为我们自觉的行动才是目的。在学校中，餐厅、水房自觉排队，门口长者、急者先行，面对荣誉不争不抢等，谦让能让校园更文明更有序。在社会上,乘车时礼让长者和弱者,购物和等候时自觉排队不争抢,过马路时遵守规则并礼让他人,同事朋友间不计较得失为他人着想等,坚持不懈地学,持之以恒地做,你就学会并做到了谦让。

四、谦让要注意的问题

(一) 谦让要分对象

谦让用到正确的对象上,是一种美德和胸怀,比如对待身边的同学、老师,对待社会上需要我们发挥谦让精神的人和事,但谦让用错了对象,便不是谦让,赛场上对对手的谦让,会让比赛失去意义;对卑劣者的谦让,会助长其不良风气危害集体和社会。

(二) 谦让要分事情

在一些事情上,我们是必须要谦让的,比如在我们没有把握或者没有能力做某事的时候,我们就必须谦让,盲目逞强会适得其反;在大自然面前,我们是必须谦让的,我们要爱护生态环境而不能违反自然规律。在对某些事情上,我们就不能谦让。如在台湾回归问题上,如果我们谦让,会让祖国领土不再完整;当面对敌人的侵略时,我们能谦让么?

(三) 谦让要有尺度

有一对好朋友,一个叫谦让,一个叫贪欲。他们约好一起到天堂去,他们带的干粮基本够吃。为了体现无私的友爱精神,他们在路上谦虚地你推我让,时间也因此被耽误了。贪欲开始想,既然你不要,我要。于是他把谦让的东西吃了。贪欲吃了谦让的东西以后,觉得胃口大开,吃了还想吃;而谦让为了体现他的度量,即使饿得走不动,对贪欲总是有求必应。最后一个是饿得走不动,一个是饱得走不动。天黑前终于到达了天堂。但是他们却同时被拦在了天堂门外。贪欲说:"为什么不让我们进去?"天使说:"因为你太贪,把朋友的东西都吃了。"贪欲说:"可是那都是他给我的呀。"天使说:"哪怕人家主动,哪怕人家心甘情愿,你也不能无视于对方的饥肠辘辘。你连这点道理都不明白,如何进天堂?"谦让说:"那么我呢?为了让贪欲吃饱,我都快饿死了呀。"天使说:"如果说贪欲进天堂的可能有万分之一,那么你进天堂的可能连十万分之一都不到。"谦让不解其意。天使说:"把自己饿成这个样子,绝不是美德,你对贪欲的谦让其实是一种纵容。"

这个故事的结局有些意外。"谦让"过于谦让，"贪欲"过于贪婪，两个人最终都没有进入天堂。看来，贪欲要不得，过分谦让同样不可取。固然，谦让是一种美德，但谦让也要掌握分寸。物极必反的道理大家都懂，过度的谦让绝不是一种美德，就像一盏过亮的灯一样，不仅不能为人带来光明，相反还会刺伤人的眼睛。

真正的谦让是一种善待生活、善待别人的境界，能陶冶人的情操，带给人心灵的恬淡与宁静。谦让，美就美在克己让人。和谐社会构建的前提是没有争执，而没有争执的最好的基础便是人人懂得谦让。

情境思考

A和B是班级里形影不离的一对好朋友，两人每天一起吃饭，因为B长得比较弱小，所以每当买饭只买到一个鸡蛋时，A就把唯一的一个鸡蛋让给B吃。刚开始B很感谢，久而久之就成了习惯，便理所当然了。可是有一天，A将鸡蛋给了生病中的C时，B就不开心了。为此，她们大吵一架，从此绝交。

亲爱的同学们，读了这个故事，你从中悟出了什么？你认为A的做法超出了谦让的度了吗？你认为B的问题出现在哪里？如果你是剧中人，你会怎么做？

小 结

学会换位思考，说话礼貌恭谦，并在生活中勤学真做，是学会并做到谦让的三件宝。谦让会带给人心灵的快乐，发展的空间，并有助于形成良好有序、和谐稳定的社会局面。但谦让也要因人而异，因事而异，发于心且有度的谦让才是我们所追求的道德品质。

作 业

1. 把身边老师和同学谦让的事例记在本上，不断积累，不断学习。
2. 把谦让落实在行动上，每天至少做一件小事，睡前做自我总结并写在日记上。

第十四章 合 作

一枚蛋能在零下60摄氏度的恶劣环境下孵化出新的生命,你相信吗?是谁用什么方法创造了生命的奇迹?

> 南极一群企鹅蹲坐在寒冷的地面,漫天白雪,寒风呼啸,通过快镜头播放,我们能清晰地看到企鹅整齐的移动,从外围到内部,不断地移动,不断的调整,每个企鹅都要承担起外围防寒保温的职责,企鹅通过合作,确保小企鹅生命的诞生和种群的延续。

企鹅凭借着合作,在极其恶劣的环境下保证了种族延续,作为人类,我们更是合作的典范,从原始社会的围猎觅食到高度社会化大生产的今天,合作无处不在,可以说合作贯穿人类发展的全过程。如果说生产力水平低下的原始社会,人类的合作更多的是为了生存,那么21世纪的今天,合作则是我们寻求更美好生活的一个重要法宝。正如美国的一位心理学家所说:"与同事真诚合作是获得成功的九大要素之一,言行孤僻,不善于与人合作是失败的九大要素之首。"

一、什么是合作

(一)合作的概念

合作就是个人与个人、群体与群体之间为达到共同目的,彼此相互配合的一种联合行动,即互相配合做某事或共同完成某项任务。

> **链接:合作的他意**
>
> 书法术语。唐代孙过庭《书谱》称:"一时而书,有乖有合,合则流媚,乖则雕疏。"旧时行家们习惯于将书写得理想和精彩的作品称为"合作"。如唐代张彦远《法书要录》引张怀瓘、二王等书录:"(王)献之尝与简文帝十纸,题最后云:'下官此书甚合作,愿卿存之。'"

（二）合作的特点

1. 双方或多方参与。
2. 合作方有一致的目标。
3. 彼此配合、取长补短。
4. 以提高效率，实现共赢为目的。

> 大象和猴子是一对好朋友。有一次，大象和猴子去野外玩耍，它们走到一条河边，看到河对岸的一棵大树上结满了通红、熟透的野果，于是大象不紧不慢地说："谁先过河摘野果呢？"小猴着急地说："我去摘！我去摘！"到了河边，猴子看着流得很急的河水害怕了，跑到了大象的后面。大象说："哈哈，我摘到野果就是不给你吃。"大象很快就过了河，可是它怎么也摘不到野果，只好垂头丧气地回来了，忽然猴子想了一个方法说："大象，你把我背到岸边，我上树去摘野果。"大象说："那好吧！"于是它们就顺利地过了河，吃到了美味。

思考：彼此取长补短，密切合作所能取得的效益。

二、合作的类型

（一）按合作的性质

合作分为同质合作与非同质合作。

同质合作即合作者无差别地从事同一活动，如无分工地从事某种劳动（图14-1）。

非同质合作即合作者劳动有所分工，为达到同一目标而进行的合作（图14-2）。

图14-1 同质合作　　　　图14-2 非同质合作

（二）按照有无契约合同的标准

合作分为正式合作与非正式合作。

正式合作是指具有契约性质的合作，这种合作形式明文规定了合作者享有的权利和义务，通过一定法律程序，并受到有关机关的保护。

非正式合作发生在初级群体或社区之中，是人类最古老、最自然和最普遍的合作形式。这种合作无契约上规定的任务，也很少受规范、传统与行政命令的限制。

三、合作的重要性

人具有自然、社会的双重属性，任何人都不可能孤立地存在，从小的方面说合作能取长补短、提高效率；从大的方面说合作是生命本身的需要，也是人类发展进步的需要。我们每个人几乎每天都处在合作之中，一个人离开了合作，就好比鱼儿离开了水，注定无法生存，更谈不上怎样发展自己，所以说懂得合作、学会合作，是作为每一个人，尤其当代的青年学生必须要掌握的一门本领和艺术。

> 雨过天晴，道路十分泥泞，一个盲人在忙着赶路，但他看不见路，只能深一脚浅一脚地试探。盲人不时地踩进软泥里，鞋子、裤子全都脏了，他懊悔极了，"哎，要是有个人来帮帮我就好了。"这时，一个跛子走过来了，他一步一步艰难地挪动着脚步，累得满头大汗，"哎，要是我不跛就好了。"盲人虽然看不见，但耳朵很好使，便和跛子搭上了话。两人一攀谈，原来他们要去的是同一个地方。他们想出了一个好主意，盲人背着跛子，跛子给盲人指路。他们配合得非常好，很快就到达了目的地。

思考：盲人和跛子的行为使你想到了什么？

（一）合作是现代人生存的需要

一个人生存的前提是物质资料的相对满足，而物质资料首要的就是食物。一粒种子从种到收，到最后成为人类的口中之食，是多次合作的结果。田间劳作、买卖交易、交通运输及有食品加工等，每一个环节，都离不开合作。从另一个角度说，一个人要想拥有满足自身生存的物质资料，必须要通过劳动获得。而在现代社会大生产的背景下，人们的劳动，无论是脑力劳动，还是体力劳动，更离不开合作。

（二）合作是个人成长的需要

作为社会人，个人的成长离不开社会，从学习、工作到生活，每个人的成长都是在合作中悄然完成的，也就是说人只有在社会实践中，才能获得成长进步，而要想社会实践，就离不开合作。学习文化知识、专业技能，要学会与老师合作，有教有学，才能学有所成；步入社会参加工作，谋求事业的进步，更要学会与领导、同级、下属，包括其他必要关系部门的合作，这样才能劳有所获；生活中的衣、食、住、行，以及相关的各种社会交往，也需要合作。试想，如果一个人没有合作，他如何能学到知识、融入社会，更何谈成长进步呢？

（三）合作更是社会文明进步的需要

社会文明进步的体现，总的说来包括物质和人文生活两个重要方面，当然科技在其中发挥十分重要的作用。无论是物质的丰富、人文的高尚净化，还是科技的发展，都是合作的结果，而且社会越文明进步，合作的范围也就越大，对合作的依赖程度就越高。任何一项科技成果、一部好的影视作品、一幢雄伟的建筑、一项福利事业的诞生都是集体智慧的结晶。当我们乘坐宽敞、舒适、快速的波音大型客机感叹世界正变得越来越小时，我们可知道，波音飞机上几百万个部件是由上百个国家的几百个公司所提供。

> **链接：青藏铁路**
>
> 世界上海拔最高、线路最长的铁路——青藏铁路，更是团队合作的结晶（图14-3）。脆弱的生态、高寒缺氧、常年冻土等几个世界性难题，让人对建设青藏铁路望而却步，但随着科技的进步、国力的增强，新世纪我国大胆提出建设青藏铁路的计划。在5年的建设过程中，全体参建团队密切合作，始终牢记党和人民的重托，以国家需要为最高需要，以人民利益为最高利益，奋战在条件异常艰苦的雪域高原上，以惊人的毅力和勇气战胜了各种难以想象的困难，用自己的心血和汗水谱写了人类铁路建设史上的辉煌篇章，成就了世界铁路建设史上的奇迹。青藏铁路全线贯通，对改变青藏高原贫困落后面貌，增进各民族团结进步和共同繁荣，促进青海与西藏经济社会又快又好发展正产生着广泛而深远的影响。
>
> 图14-3 青藏铁路

四、合作中需要注意的问题

合作对我们如此重要,那么如何让生活中的每一次合作达到过程愉悦、效率优化、顺利实现合作的预期目标,而且通过合作展示良好的人格魅力,拓展自己的生存空间、拥有更美好生活,必须要注意以下几个重要问题。

(一)确定一致的目标,保证团结,形成合力

合作成功的前提是合作双方有一致的目标,且对完成任务有必胜的信心。我国古代著名的军事家孙武说过:"上下同欲者胜。"目标明确后,就要团结一致,合作中的每一个成员要为实现共同目标而贡献智慧和汗水,只有心往一处想,劲往一处使,才能形成合力,才能高效地完成既定目标任务(图14-4)。

图14-4 拔河

(二)有实现目标的主观能力和客观环境,且能共赢

合作想取得成功,必须具备基础,就小的方面说,合作者要有相应的身体条件、学识、思想、技能、物质、资金等,商业合作还要进行先期的市场调研,确认项目有广阔的市场空间,尤其注意项目的确立要符合国家相关的法律法规,同时确保能共赢。每个合作者都要清楚认识到个人利益与整体利益休戚相关,所以当个人的利益与整体利益冲突时,在保障个人利益的同时,必须要保护好整体利益。

(三)树立法制观念,明确相应的责任和义务

合作虽然有正式合作和非正式合作之分,但在法制建设日益完善的今天,每个合作成员必须要有较强的法制观念,合作方要按照合作约定,认真履行自己应该承担的责任和义务,过之或不及,都会产生偏差,甚或受到法律的制裁。

(四)从自我做起,营造积极健康的团队文化

积极健康的团队文化,有助于挖掘、激发合作者的潜力,有助于合作的高效运行和事业的长久发展。

1. 互相沟通 沟通可以说贯穿着人生命的全过程,同时沟通也是一门艺术,合作中要经常遇到观点看法的分歧,作为合作中的个体,我们要本着沟通、变通的原则,掌握沟通的技巧,处理分歧,达成共识。

2. 互相信赖 信任可以产生巨大的力量,给人信心,激发潜能,让人更好地完成工作任务。

> **名言**
>
> 　　一个人必须知道该说什么，一个人必须知道什么时候说，一个人必须知道对谁说，一个人必须知道怎么说。
>
> 　　　　　　　　　　　　　　——现代管理之父德鲁克

> 　　一个犯人在外出修路时，捡到 1000 元钱，马上交给警察。警察却轻蔑地说："你别来这一套，想贿赂我换取减刑的资本吗？"囚犯万念俱灰，当晚就越狱了。在逃亡的火车上，他正好站在厕所旁。这时，一个漂亮的姑娘要上厕所，发现门扣坏了。她轻声对这个逃犯说："先生，你能为我把门吗？"逃犯一愣，看着姑娘纯洁无瑕的眼神，他点点头。姑娘红着脸走进厕所。他像忠诚的卫士一样，严严地把守着门。刹那间，他突然改变了主意。他在下一站下车，来到车站派出所，投案自首了。

　　警察对犯人的不信任，使得犯人万念俱灰，自暴自弃，最终越狱逃跑；一位姑娘对犯人的信任，却让他良知顿回，幡然醒悟，决心认罪。信任的力量是多么巨大！它可以在人的心中产生强大的精神动力，激发人内在的潜能，勇往直前。

　　3. 互相帮助　　中国有句谚语：相互补台，好戏连台；相互拆台，一同垮台。生活中每个人都不可能是完美的，都会有自己的不足和能力的短板，互助能够让每一个人变得相对完善，互助既推动了工作，又增进了合作者的友谊。我们无论处于什么样的一个团队，居于什么样的位置，都要树立互助的意识，用心去帮助他人，因为助人就是助己。

> **☞链接：团队和团队合作**
>
> 　　1994 年，斯蒂芬·罗宾斯首次提出了"团队"的概念：为了实现某一目标而由相互协作的个体所组成的正式群体。在随后的十年里，关于"团队合作"的理念风靡全球。团队合作指的是一群有能力、有信念的人在特定的团队中，为了一个共同的目标相互支持合作奋斗的过程。它可以调动团队成员的所有资源和才智，并且会自动地驱除所有不和谐和不公正现象，同时会给予那些诚心、大公无私的奉献者适当的回报。如果团队合作是出于自觉自愿时，它必将会产生一股强大而且持久的力量。

（五）坚决摒弃合作中不良的思维及行为习惯：抱怨、猜忌、揽功

合作中不良的思维及行为习惯会破坏合作氛围，挫伤合作的积极性，阻碍合作目的的达成。合作中我们要学会理解、信任，学会谦虚为人，这些积极的合作品质将有助于我们在合作中获得成功。

合作中还要各尽所长，就如你不可能让猴子背大象过河、让大象上树一样。此外，彼此保护弱点，或者避开弱点，这也很重要。生活中有的人性格非常刚直，你非得安排他去做需要圆滑的人才能做好的事，结果往往会很糟糕，你用一个文字功底很差的人去拟定一份很重要的文件，他更容易把事情办砸。

> ☞ **链接：雷鲍夫法则**
>
> 1. 最重要的八个字是：我承认我犯过错误（勇于承认错误的人才可靠）
> 2. 最重要的七个字是：你干了一件好事（赞美与肯定充满能量）
> 3. 最重要的六个字是：你的看法如何（征求意见达成共识）
> 4. 最重要的五个字是：咱们一起干（有共同的利益）
> 5. 最重要的四个字是：不妨试试（胆大而心细）
> 6. 最重要的三个字是：谢谢您（懂得感恩）
> 7. 最重要的两个字是：咱们（情感）
> 8. 最重要的一个字是：您（礼）

雷鲍夫法则从语言交往的角度，言简意赅地揭示了建立合作与信任的规律：认识自己和尊重他人。在我们着手建立合作与信任的时候，应该将雷鲍夫法则自觉而灵活地运用到我们的交流与沟通之中，自然就会产生事半功倍的效果。

五、如何避免庸俗低劣的合作

合作对人类及自然界其他生命的存在和发展都具有十分重要的意义，但如果合作单纯是为了谋求私利，甚至不惜损害他人利益，损害自然和社会的公共利益，甚至触犯法律，这种合作就应该称为庸俗低劣的合作，这样的

合作会危害无穷,是我们坚决要反对和摒弃的!

1. 合作的目的要经得起法律和世俗道德的检验。
2. 作为合作者在合作中不能见利忘义,或者背信弃义。

情境思考　三个和尚没水喝

图 14-5　一个和尚　　　图 14-6　两个和尚　　　图 14-7　三个和尚

思考:1. 你认为两个人抬水一定比一个人挑水效率高吗?为什么?
2. 三个和尚为什么大眼瞪小眼,喝不到水?
3. 请你说说三个和尚怎样合作,才能更高效地完成取水任务?

小 结

合作贯穿人类发展的全过程,任何一个人只要存在就离不开合作,积极健康的合作无论对个人的成长,还是对团体、社会的进步都具有十分重要的意义。我们都要增强合作意识,培养合作的能力,学习掌握科学合作的方法,认真践行,无论是学习、工作,还是生活,我们要争做优秀的合作者,同时更要坚决抵制庸俗低劣的合作。

作 业

1. 举例说说你在学习、生活中对合作的认识?并说出怎么样才能提高合作的效率?
2. 在学习工作生活中,我们希望理想的合作者应该是怎样的人?如何对待合作中的分歧?
3. 戏说史上最佳合作团队——《西游记》中的唐僧师徒四人。

第十五章 服　　务

中央电视台《生活》栏目中,有一期关于服务的话题。

> 主持人:"说到服务,前不久湖南衡阳的一位观众给我们打来了电话,他们向我们讲述了这样一件事情:半个月以前,他到北京来出差,在一家邮局办事,因为对一些手续不太清楚,就向营业员咨询。因为他说话湖南口音比较重,所以说了好几遍,营业员都听不明白,显得非常不耐烦,等他问到第四遍的时候营业员已经火了,拍着桌子对他说,你学好普通话再来。这个事情过去以后,这位朋友就说他觉得心里特别难受,而且特别愤怒,他说要是这个事情发生在以前的话还可以理解,发生在今天他真的是无法接受。听了这位观众给我们讲述的事情,真的对我们触动也很大,那么服务究竟是什么呢?我们先来听听大家的说法。"
>
> 会计:"我认为服务的出现是为了满足别人的需要,服务就是为了满足别人需要的一种工作。"
>
> 大学教师:"现在社会当中呢,人人都需要其他人服务,也需要为别人服务,比如做老师需要为学生服务,但是学生也要为社会服务。"
>
> 企业经理:"我们认为一个产品本身就是一项服务,仅仅把产品销售给顾客只是完成了服务的一部分,让顾客在使用产品时能满意并获得最大的利益,才完成了整个服务的过程。"
>
> 学生:"我觉得真正的服务是不计报酬的,就像雷锋那样。"
>
> ……

不同的人对服务有着不同的理解,但是不能否认的是现代社会离不开服务,良好的服务是一种双赢的过程,就是提供服务和接受服务的人,他们都能获得身心的愉悦。而且服务意识也是现代人必备的重要素质,培养服务意识和用心地去为他人服务,会让我们的生活更加美丽和谐……

> **名言**
>
> 当你服务他人的时候,人生不再是毫无意义的。
>
> ——葛登纳

一、服务的含义及特点

（一）服务的含义

在传统意义上，我们把提供劳动、智力等无形"产品"的过程称为服务。服务是满足别人期望和需求的行动过程和结果。

通俗地说，服务是指为他人做事，并使他人从中受益的一种有偿或无偿的活动。

（二）服务的特点

1. 普遍性和特殊性　服务的普遍性，体现在服务是无时、无处不在的，我们每天都处在被别人服务和为别人服务当中，服务如影随形地渗透在我们的生命中；服务的特殊性，体现在我们所做出的服务又是有特定的服务对象和满足其某种需要，如宾馆、餐厅所提供的行业服务，党政机关、警察等所提供的社会需要服务等。

> **名言**
> 人的生命是有限的，可是，为人民服务是无限的，我要把有限的生命，投入到无限的为人民服务之中去。
> ——雷锋

2. 主动性和被动性　服务的主动性和被动性体现在服务的意识和行动上。如在我们每天的校园生活中，主动为老师倒一杯水、主动为同学排除困难、主动清洁班级卫生、主动爱护校园环境等，都体现着服务的主动性。又如医院、银行、邮局等机构在为人民服务的过程中就体现着服务的被动性，当人有某种需求来寻求服务时这些机构才发挥服务功能。但是可以因为意识和行动的不同，被动服务可以变为主动服务，如医生在医院为患者诊治是一种被动服务，但是医生上街宣传医疗常识，义务为百姓测血压、保健等就是主动服务。

3. 服务具有无形性　相对于物化的商品，服务是无形的。你在接受服务之前，对服务看不见、听不见、闻不着、摸不到，但看似无形的服务所产生的结果却是可以直接体现出来的，如对于商家来说，服务实际上是商家的一个无形资产的重要组成部分，如果他服务好了，那么他占领市场的份额就会不断地扩大，为商家带来更多的利润和更大的发展空间。作为政府来讲，如果他服务到位了之后，它就体现了代表人民的根本利益的宗旨，就是人民爱戴拥护的政府。

4. 服务的双重需要性　服务者可以利用自己的技能为别人服务，从而获取报酬；被服务者以支付报酬的方式换取自己无法完成的工作，从而享受服务。

二、服务的意义

（一）服务可以给人们带来愉快的心理体验，是一种人生价值的体现

能为他人和社会提供服务，不但能展示能力，而且能实现自我的人生价值，即我能为他人和社会做有益的事情。在为他人带来方便的同时，更能为自己带来精神的愉悦。尤其各种志愿者的服务都是无偿的，它是一种更高境界的服务，体现着人对精神世界的更高追求。

> **名言**
>
> 在学习中，在劳动中，在科学中，在为人民的忘我服务中，你可以找到自己的幸福。
>
> ——捷连斯基

☞ **特殊的快乐**

母亲节，学校号召学生为母亲做几件小事。在回家的路上，小丽就思索着：为母亲做点什么呢？到家了，父母因为忙着春种还没有回来，小丽突然有了个好主意，她要为父母做一顿晚饭。费了半天的力气，小丽终于把饭做好了。太阳快落山了，父母回来了，不善言表的父母看着女儿准备的晚饭，憨憨地笑着，一边吃一边不停地说，"闺女真是懂事了，长大了。"看着疲惫又激动的父母，小丽心里溢满了幸福。

（二）服务无处不在，是人类生存发展的需要

> **名言**
>
> 我们世界上最美好的东西，都是由劳动、由人的聪明的手创造出来的。
>
> ——高尔基

人的生存一刻也离不开服务，从服务的概念上看，我们理解服务的实质就是一种劳动，是一种既为己也为人而为的劳动。劳动创造了人类，没有劳动就没有我们人类的生存，更谈不上人类的发展，尤其在当代社会，科技的发展让人与人之间的联系越来越密切，离开服务，我们将寸步难行。做一个小小的假设，如果一夜之间商店、饭店、宾馆消失；医院、银行、学校倒闭；交通、网络瘫痪；电业和自来水公司破产……那样，我们将如何生活。就是其中单纯的一项出问题，我们的生活就将乱如麻。人类在服务中创造着财富，方便着生活，推动着社会的文明与进步。

三、如何为他人服务

(一) 树立为他人服务的理念

服务意识是现代人必备的素质。只有树立了为他人服务的意识,才能使自己的服务行为更用心,从而使服务更有质量,服务是相互的,当你在为别人提供服务的同时,也会接受别人的服务,所以只有我们每个人都提高自己的服务意识,才能使我们为别人提供好的服务的同时,自己也能够得到更好的服务(图15-1)。

图15-1 为他人服务

> **链接:痛苦和快乐**
>
> 小芳是独生女,平时最讨厌的事就是做家务,从来没有自己洗过衣服,更不用说为别人做点什么了。初中毕业了,她来到一个中等职业学校上学,每天自己叠被、洗衣服让她心烦意乱,更让她难以忍受的是还要每天打扫寝室卫生,值日时还要打扫教室卫生,这让她每天痛苦不堪。每次值日她都大发脾气,把工具摔得叮当作响,而同组的小娜却每次扫除都哼着歌,这让她困惑不已。有一次,小芳实在忍不住了,就问小娜:"你有什么高兴的事吗?"小娜笑一笑对她说:"你看着老师在你擦得干干净净的讲台上讲课,看着同学在被你打扫得整洁明亮的教室里上课,你不快乐吗?你的劳动让别人获得了舒适和愉悦,你不觉得自己很有价值吗?别人值日时你不也是希望别人把教室打扫得干干净净吗?"小娜的话让小芳茅塞顿开,她懂得了原来痛苦和快乐只在一念间。

思考:读了这个故事,你有哪些体会?

其实小芳的痛苦就在于她没有为他人服务的意识,她也不懂得服务的相互性,所以她把劳动看成是痛苦的事,因此她的服务也不可能是优质的服务。小娜的快乐就在于她懂得服务的重要性和美丽之处,服务能给别人带来方便和快乐,而这种方便和快乐又是每个人包括自己都需要的,她的服务

第十五章 服务

是由心而发的服务,她有服务意识,她的服务是优质的,更是快乐的!

(二) 要熟练地掌握服务技能

想为他人提供优质的服务,需要掌握一定的技能,服务是为了满足别人的期望和需求,特别是在有偿服务中,只有你具备了一定的技能,才能很好地为他人提供优质的服务。医生想为患者服务,要掌握医学知识;司机想为乘客服务,要熟练掌握驾驶技术;美发师想为顾客服务,要有娴熟的美发技艺。只有熟练地掌握一定的服务技能,才能有机会为别人服务,同时才可能是优质的可持续的服务(图15-2)。

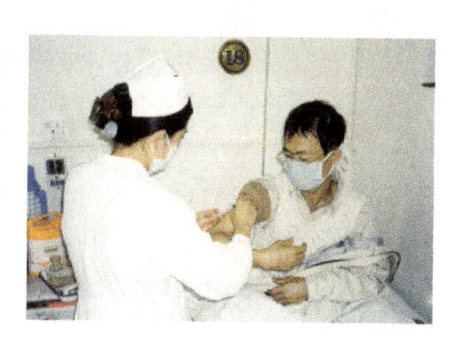

图 15-2 医疗服务

> 小兰是一名实习护士,经过几天简短的培训,今天是第一天正式上岗。她心里忐忑不安,在校时没有好好学习,真是"书到用时方恨少"。护士老师让她去给患者扎点滴,她强忍住有点发颤的手,一次、两次、三次点滴也没有扎上,在家属的责备中,小兰羞愧难当。

从小兰的经历中,我们不难看出,没有良好的技能,即使想为别人服务也很难满足别人的需要,更不可能提供让人满意的服务。所以服务满足人们需要是最重要的,只有自己苦练基本功,才会有人需要你的服务,才会使服务再次进行下去,服务才是合理且优质的。

(三) 立足岗位,做好本职工作

工作是人类谋生的重要手段。在各种服务中,人在自己本职岗位上的工作是服务比较长久、直接的一种体现方式。常年如一日地在岗位上工作、付出和奉献是为单位、集体的一种服务,同时也是为社会的一种服务,只有人人都立足自己岗位,做好本职工作,人们才可能享受丰富的物质生活和精神生活。2010年度"感动中国"获奖人物——郭明义,被称为"雷锋的传人",他担任公路管理员15年来,坚持每天提前两个小时上班,巡查、维护公路里程累计达6万多公里,公路达标率在98%以上,为企业创效3000多万元,从他身上,我们可以深刻体会到做好本职工作是为他人、为社会服务的最直接方式。

（四）立足社会，作出更大贡献

> **名言**
>
> 我的人生哲学是工作，我要提示大自然的奥秘，并以此为人类造福。我们在世的短暂一生中，我不知道还有什么比这种服务更好的了。
>
> ——爱迪生
>
> 人生最美好的，就是在你停止生存时，也还能以你所创造的一切为人民服务。
>
> ——奥斯特洛夫斯基

链接：爱迪生

爱迪生，美国人，尽管一生只在学校里读过3个月的书，但他通过勤奋好学，发明了电灯、留声机、电影等1000多种成果，被誉为"发明大王"，丰富和改善了人类的文明生活，为人类的文明和进步作出了巨大的贡献。

链接：奥斯特洛夫斯基

奥斯特洛夫斯基，苏联著名作家。1924年加入共产党。由于他长期参加艰苦斗争，健康受到严重损害，20多岁他就双目逐渐失去视力并全身瘫痪。1930年，他用自己的战斗经历作素材，以顽强的意志开始创作长篇小说《钢铁是怎样炼成的》。这是一部激励了无数人的佳作，问世以来60年间长盛不衰。里面有这样一段话："人最宝贵的东西是生命。生命对于每个人只有一次。人的一生应当是这样度过的：当他回首往事的时候，他不会因为虚度年华而悔恨，也不会因为碌碌无为而羞愧。这样，在临死的时候，他就能够说：我的整个生命和全部的精力，都献给了世界上最壮丽的事业——为人类的解放而斗争。"这是《钢铁是怎样炼成的》一书里被后人广为传颂的一段话。

从以上两位人物的身上，我们是否能够体会出一个人立足社会，为社会为人类的进步作出贡献的意义。其实我们每个普通人也要有这种观念，一个人能为社会作出更大的贡献是服务的更高境界，它是一种不计报酬的奉献式的服务，是人崇高精神的一种体现，是我们每个人应该去努力追求的一种服务。

四、服务中要注意的问题

（一）不失尊严

服务虽然是满足他人需要的活动，但是在服务中面对他人的无理要求，服务者要坚持自己的原则，维护自己的尊严。

（二）要有尺度

服务应注意平等、尊重、真诚友善的原则，过于热情、不符合他人期望或者违背他人需要的服务都将是失败的服务。

> **情境思考**
>
> 早晨小红还在甜美的睡梦中，被寝室响亮的早起铃声叫醒，她在床上做了几下深呼吸，开始了美丽的一天。踏着校园广播中优美的旋律，小红来到餐厅，里面整洁明亮，食堂的师傅们早已经准备好了丰富的早餐。吃过早饭，来到教室，值日生已经把教室打扫得干干净净。课堂上，老师用心地传授各种知识，到了下午，小红来到自己最喜欢的校园舞蹈社学习舞蹈，在优美的旋律和舞姿中，小红体会出青春年华的激情和美好。到了晚上，小红躺在安静的床上，回味着充实又美丽的一天，静静地进入甜蜜的梦乡……

思考：亲爱的同学们，让我们重新品味一下我们的生活吧！早起的铃声、优美的广播、整洁的食堂、丰富的早餐、汲取知识的课堂、校园丰富的活动、晚上安静的寝室……是什么让我们的学习生活如此轻松、愉悦？你是否也如小红般体会出了生活中的美丽之处？

> **链接：毛泽东给徐特立的一封信**
>
> 徐特立是毛泽东的老师，1937年1月30日，毛泽东在《徐特立同志六十岁生日的贺信》中，高度赞扬徐老一贯保持充沛的革命热情和全心全意为人民服务的思想。信中写道："你是我二十年前的先生，你现在仍然是我的先生，你将来必定还是我的先生。当革命失败的时候，许多共产党员离开了共产党，有些甚至跑到敌人那边去了，你却在一九二七年秋天加入共产党，而且你的态度是十分积极的。从

那时至今长期的艰苦斗争中，你比许多青年壮年党员还要积极，还要不怕困难，还要虚心学新的东西。什么'老'，什么'身体精神不行'，什么'困难障碍'，在你面前都降服了……你是革命第一，工作第一，他人第一……"从这里我们可以看到，毛泽东所提出的全心全意为人民服务的宗旨，可以具体化为"革命第一，工作第一，他人第一"。要衡量一个人是否坚持全心全意为人民服务的宗旨，可以具体地从他对待革命、对待工作、对待他人的态度中加以测定。毛泽东认为，人活着的目的和意义就在于全心全意为人民服务。为人民服务思想是马克思主义的基本思想，是毛泽东人生观的核心思想。他还说："党必须把为人民谋利益作为自己活动的出发点和归宿。"

小结

我们要树立服务意识、掌握服务技能、做好本职工作，同时积极为社会做贡献，这是做好服务的重要保证。服务能满足我们的基本生活需要，更是人类生存和发展的需要，能给我们带来快乐和幸福。我们正处于一个服务型的社会，只有人人树立服务意识，并用心去践行服务，我们才能快乐和谐地生活，我们的社会才能更快地发展和进步。

作业

1. 以"我们如何做好身边的服务"为主题，开一次班会。
2. 在班级内评选出服务之星，并以他为榜样不断践行服务。